CULTURA POP

Leonardo Murolo
Ignacio Del Pizzo

CULTURA POP

Resignificaciones y celebraciones
de la industria cultural en el siglo XXI

prometeo libros

Murolo, Leonardo

Cultura Pop : resignificaciones y celebraciones de la industria cultural en el siglo XXI / Leonardo Murolo ; Ignacio Del Pizzo. - 1a ed. - Ciudad Autónoma de Buenos Aires : Prometeo Libros, 2021.

130 p. ; 23 x 16 cm.

1. Industria Cultural. 2. Redes Sociales. 3. Cultura de Masas. I. Del Pizzo, Ignacio. II. Título.

CDD 306.09

Diseño de tapa: Nina Turdo
Diseño y diagramación: María Victoria Ramírez
Corrección: Luciano Deraco

© De esta edición, Prometeo Libros, 2021
Pringles 521 (C11183AEJ), Buenos Aires, Argentina
Tel.: (54-11) 4862-6794 / Fax: (54-11) 4864-3297
editorial@treintadiez.com
www.prometeoeditorial.com

Índice

Agradecimientos

De los autores: A la Universidad Pública en general y a la Universidad Nacional de Quilmes (UNQ) en particular. A quienes nos acompañaron en el proyecto de investigación "Nuevas pantallas: usos, apropiaciones, narrativas y formas expresivas de las tecnologías de la comunicación" y a quienes continúan el trabajo en "Tecnologías, política y cultura popular y masiva. Usos y narrativas de la comunicación en redes". A nuestros docentes, colegas y, especialmente, estudiantes, inagotable fuente de aprendizaje.

De Leonardo: A mi familia, que desde chico me ha acompañado incondicionalmente en los más diversos ámbitos en los que se me ocurrió participar.

A mis amigos de los cafés de rosca política y cultural de donde también surgieron algunas ideas que se desarrollan en este libro.

A mis estudiantes de grado y posgrado de Semiótica de la Imagen, Nuevas Pantallas, Narrativa Transmedia y Metodologías de Investigación en Comunicación, con quienes debatimos con pasión sobre estos temas que nos gustan.

De Ignacio: A todos los tiempos y a todos los mundos de Lautaro.

A la revolución amorosa de lo cotidiano de Camila (y a la trenza victoriosa de Mate, que ahora –y para siempre– es la suya).

A las exquisitas enseñanzas de vida de Nano.

A los pogos liberadores de Leandro.

A los Cronistas Barriales que miran desde arriba.

A la construcción colectiva del conocimiento que hacen posible mis estudiantes de Lenguaje Multimedia, de Nuevas Pantallas y Nuevos Escenarios y de los cursos de posgrado que dictamos en diversas provincias.

A la presencia generosa de mi familia y amigos.

Simple de difusión

Por LeoM ft. NachoDP

El pasado y el presente se entrecruzan, juegan, se desafían en un ida y vuelta entre lo residual y lo emergente. En el terreno cultural, ninguna expresión, formación o práctica puede declararse finalizada y aducir que en su totalidad quedó obsoleta, al tiempo que prácticamente ninguna otra puede consagrarse, por más esfuerzo que se haga, como lo intrínsecamente nuevo. La idea misma de una cultura pop es del siglo XX, y si bien como estrategia de marketing podríamos haber postulado en este trabajo una cultura de mil nombres: efímera, instantánea, mixturada, pastiche, retro, *vintage*, vanguardia o kitsch, sabemos que la propia definición de una cultura pop prevé su transformación, ciertas formas de retroalimentación con el universo mediático de su época y es creada, a la vez, mediante las dinámicas de las audiencias, públicos, usuarios, fanáticos. Así, la cultura pop a la que se refiere este libro tiene por debajo y por detrás conceptos que aparecen en cada capítulo. El constante recurso a la nostalgia, los usos de las tecnologías, la hibridación genérica, la idolatría a sujetos y formatos, los medios de comunicación en diálogo. Desde allí, se trata de una mirada de época, que no recorta porque por deformación profesional nos interesa todo, pero que focaliza en algunos fenómenos elegidos.

Es necesario sentar ciertas bases entre teóricas y formales para comenzar a leer este libro. En primera instancia, se trata de un trabajo anclado en el campo de la Comunicación. Desde allí ponemos el foco en los procesos de construcción de sentidos en las prácticas sociales con medios y tecnologías. Desde ya que los temas que abordamos podrían ser vistos con el prisma de la Economía, la Sociología, la Psicología y el Marketing, pero la dimensión simbólica de estos fenómenos nos interpela, nos viene a buscar y nos atraviesa como *punctum* barthesiano. Cada texto se asienta en miradas que no siempre están explicitadas, pero que recurren a los Estudios Culturales, la Teoría Crítica, la Semiología, la Crítica de Arte y los Estudios del Lenguaje, con especial hincapié en los audiovisuales y fotográficos.

En este sentido, la perspectiva epistemológica, ciertas obsesiones académicas y las bibliotecas de los autores, aunque no son similares, se cruzan en puntos que logran interceptar inquietudes y desarrollar la construcción de objetos de análisis que pueden dialogar con el correr de los capítulos. En todos los casos, se trata de ensayos teóricos, ideas ancladas en dimensiones histórico-sociales concretas. El umbral de principios del siglo XXI oficia como dimensión temporal, tan necesaria para los límites expositivos como caprichosa y huidiza cuando una de las pocas certezas del trabajo es que la nostalgia opera en la industria de la cultura como uno de sus principales ingredientes.

La ideología académica se deja ver en ideas como la de resignificación, la apelación a las audiencias, las dinámicas que el mercado tiraniza y los sujetos intentan recrear mediante, quizá, engaños. Esas artes de hacer puestas en juego para nada menos que inventar lo cotidiano, y a las que el débil recurre como tácticas en la cuadrícula de batalla ante el poderoso que ostenta estrategias. Desde allí podemos esbozar algunas ideas de partida: que lo virtual no se opone a lo real, sino a dinámicas presenciales, que son tan reales como las virtuales; que las redes sociales son escenarios también presenciales, de estudio, de trabajo, de práctica de deporte y artística, y que debemos pensar en redes sociales virtuales cuando se trata del mundo digital; que los gestores de las tecnologías, como el mercado, los Estados, la cultura adulta, intentan determinar usos de las tecnologías y que las juventudes, en la mayoría de los casos, logran imponer ciertas formas de agenciamiento para crear cultura con los objetos disponibles en el momento histórico que les toca transitar.

Este libro, como el vinilo y el casete, tiene dos lados: uno sobre el tiempo y otro sobre el espacio, comprendidos en un sentido amplio de progresión, correspondencia, territorialidad y habitabilidad. En esas partes los capítulos hablan de transformaciones y apropiaciones del audiovisual digital, lo viejo en lo nuevo, el rol de las figuras de los medios, la valoración de los consumos culturales, la construcción de la propia imagen en redes, los territorios locales en el cine, las dinámicas de la política en un escenario mediatizado y las adopciones tecnológicas en la narrativa deportiva. Entre diferentes sistemas mediáticos, que en inglés se sintetizan como *mass media* y *social media*, tienen lugar resignificaciones y celebraciones de la industria cultural en el siglo XXI que este libro intenta poner en evidencia, como siempre, bajo crítica y tensión.

LADO A
EL TIEMPO

Maratonear, *spoilear* y filtrar: el rol de las audiencias ante el audiovisual digital

Por Leonardo Murolo

"El espectador de toda serie cuyo héroe es un criminal se plantea continuamente esta pregunta. ¿Cómo podemos sentirnos atraídos por estos personajes puramente negativos, estos 'monstruos', estos asesinos? ¿Cómo puede el espectador compadecerse de un personaje de ficción, preocuparse por él o tener alguna actitud favorable frente a un personaje ficcional que aborrecería en su equivalente real? En otros términos, ¿cómo podría tener *sympathy for the devil?*"

François Jost

La grilla, el *rating* y el *zapping*

En 2009 publicamos un trabajo que proponía pensar en nuevas pantallas al focalizar en sus propias dinámicas de producción y circulación de narrativas audiovisuales. Desde ese momento, el audiovisual digital se desarrolló al punto de poder caracterizar de manera cada vez más pormenorizada diversas formas de realización y de consumo. En ese contexto tuvo lugar la proliferación de pantallas piratas, la irrupción de las audiencias de formatos realizados por aficionados, las propuestas para telefonía móvil, las series web, las lógicas del video bajo demanda, las historias como video efímero en redes sociales y los cruces con la narrativa de los videojuegos. Fue en su momento y sigue siendo ineludible repensar estas lógicas a la luz de viejas pantallas, principalmente, de la televisión.

Carlos Scolari y Mario Carlón (2009) compilaron por esos años un libro titulado *El fin de los medios masivos: el comienzo de un debate*, un trabajo interesante y sugerente que provocó la reflexión a futuro sobre medios que morían a la luz de otros que ocuparían sus lugares. Esta lógica evolutiva –ligada a ideas biologicistas como "ecología de medios"– puede tener algún asidero en el plano tecnológico (*walkman-discman-iPod*), sin embargo, no podemos asentar la afirmación en la historia de los medios de comunicación ni mucho menos de los lenguajes.

Si la televisión –en directo, masiva, gratuita– no terminó con el cine y con la radio, no habría elementos *a priori* para afirmar que otras formas digitales y omnipresentes lo hagan. Sucede que la televisión, además de tratarse de un potente medio de comunicación social, supone un conjunto de prácticas devenidas en rituales. Roger Silverstone (1996) quizá sea quien mejor ha estudiado estas dinámicas. El constructo teórico que conceptualiza la apropiación, la objetización, la incorporación y la conversión arroja luz acerca del lugar de los sujetos sociales en el uso de las tecnologías en el ámbito doméstico (Silverstone, Morley y Hirsch, 1996).

El *arché* de la televisión es el directo, cualidad que la diferencia del cine y el video. El encadenamiento de conceptos alrededor de la televisión tiene su base en el directo. Ligada a esta posibilidad aparece la fragmentación de grilla de programación, un menú previsible que nos anuncia el orden y la periodicidad de los envíos en un día y un horario constante. En ese marco, emergen, mediante las mediciones de *rating*, horarios centrales –*prime time*– y públicos específicos con formatos y géneros a medida. De manera concomitante, ante esta variedad en el menú de los canales y ligada al desarrollo de la tecnología del control remoto, aparece el consumo en forma de *zapping*. Como vemos, las palabras en inglés comenzarían a mencionar prácticas nombradas en países centrales donde los desarrollos tecnológicos se despliegan con anterioridad a los países considerados periféricos.

Claro está que las ideas de directo, grilla, *rating*, *prime time* y *zapping* no describen solamente prácticas de mercado o técnicas que una profesión conoce para ordenar su actividad, sino que se constituyeron como apropiaciones sociales que denotan una relación cercana y habitual de las audiencias con el medio de comunicación.

Resulta interesante, entonces, reflexionar desde el medio de comunicación estrella del siglo XX, los modos de resignificación y obsolescencia de algunos de estos conceptos a la hora de pensar las dinámicas propias del audiovisual digital del siglo XXI. Como estamos hablando de prácticas culturales y mediáticas, en las que los sujetos sociales tienen protagonismo, estos desplazamientos conceptuales mencionan formas de relacionarse, negociar y crear sentidos por parte de las audiencias. Desde allí, será interesante pensar la convergencia cultural –en palabras de Henry Jenkins (2008)– como un estadio superador de la mera convergencia tecnológica. Mientras que esta describe el proceso de la ingeniería y la informática que propicia desde el triple *play*, hasta la posibilidad de que en un mismo aparato podamos chatear, ver una película, comentar un partido de fútbol y cursar una carrera, la convergencia cultural habla de las prácticas de sentido que los sujetos sociales crean en el marco de estas posibilidades. Allí, la sagacidad de los memes, las estéticas de la *selfie* y la innovación en la apelación de las audiencias por parte de los *youtubers*, se configuran como fenómenos posibles de ser reflexionados desde una perspectiva cultural más que tecnológica.

El audiovisual digital construye, entonces, un nuevo andamiaje conceptual para referir a sus prácticas, muchas de ellas tiranizadas por el mercado y otras provenientes de las dinámicas de las audiencias y luego incorporadas en las ofertas de las plataformas.

La maratón, el *spoiler* y el filtrado

Del mismo modo que con el cine de Hollywood, Estados Unidos logra una invasión cultural a escala mundial, esta vez bajo una nueva edad de oro de las series televisivas. *House of Cards, Game of Thrones, Breaking Bad, The Walking Dead, Mad Men,* son los títulos más aclamados por los fanáticos. Alrededor de estas historias se desarrollan comunidades de sentido que se ponen la camiseta, como si se tratara de una banda de rock o de un equipo de fútbol. Con la irrupción de sitios de Internet donde ver series vía *streaming* se generan nuevas maneras de consumir y compartir lo que hasta hace poco se veía por televisión. Hay, en primera instancia, dos formas posibles: los usos piratas que se relacionan con sitios web donde se alojan series sin contar con los derechos para reproducirlas, como Cuevana, y las empresas de *Video On Demand* (VOD) que legalizan una práctica que ya se venía dando. De estas últimas, las más populares son las multinacionales Netflix, Amazon Prime Video, Hulu, QubitTV, en las que media el pago, como también las argentinas CINE.AR Play, Cont.ar, UN3, FWTV, entre otras, que pueden verse de manera gratuita. Aunque se pueda acceder a casi todas las producciones en pantallas piratas, el pago se justifica por la mejor calidad de imagen, que el video no se corte y la posibilidad de continuar desde donde se dejó de ver la última vez. Netflix, luego Amazon Prime Video y Hulu, se destacan por apostar a la producción de contenido exclusivo que, al jugar con el gusto ya construido de las audiencias, no se trata de series web, sino de una televisión para Internet que tiene en cuenta las formas de decodificación actuales.

Los cambios en los consumos de audiovisual con la aparición de Internet tienen más que ver con dinámicas sociales y prácticas culturales que con determinaciones propias de las tecnologías. En este sentido, las audiencias comenzaron a consumir audiovisual por fuera de la lógica de grilla y programación, al crear su propio *prime time* y ver series cuando y donde quisieran. En la cama, en el transporte público, en una sala de espera, en el trabajo o en clase. Allí son posibles algunas lógicas propias de estas pantallas que involucran nuevas denominaciones de nuevas prácticas, como el visionado en maratón y el temor al *spoiler*. El consumo bajo la forma de maratón consiste, en primer lugar, en mirar un capítulo tras otro casi como una adicción. Estas plataformas a su vez mediante algoritmos que recopilan los movimientos y gustos de las audiencias recomiendan otras series similares a cada perfil de usuario para que cuando finalice la serie actual continúe la maratón con otro título. Cuando una temporada se estrena y queda disponible para ser vista completa en Internet o cuando alguien sube a la web el capítulo recién emitido en televisión, algunos fanáticos esperan ansiosos el momento y sin importar si es de madrugada lo miran para llegar primero. Allí se encuentra la dimensión simbólica de la maratón: correr y llegar primero. Haber visto el material antes que los demás y ganar una suerte de capital simbólico efímero, porque pronto vendrá otro capítulo.

En este lapso, quien ya lo haya visto tiene el poder y el derecho de *spoilear* –en inglés, algo así como arruinar–. Esto es develar o adelantar a quienes no lo vieron lo que sucedió con sus personajes favoritos. En el marco de los foros y grupos en redes sociales creados para la discusión sobre la serie, *spoilear* es prácticamente una condición de existencia. Quienes no hayan visto lo último deben evitar los posteos, con lo que se pierden, así, de participar activamente de la comunidad.

Resulta interesante pensar en propias temporalidades para estos consumos y dimensionar si ante una serie exitosa que toma conocimiento social, el *spoiler* acorta sus márgenes de tolerancia. Desde las redes sociales, reseñas y críticas periodísticas se hacen referencias constantes a las series del momento. Aunque no las hayamos visto sabemos al menos de qué se tratan. Esto nos convierte en presas fáciles del *spoiler*, dimensión que finalmente denota nuestra lentitud en llegar a los productos culturales de moda en medio de un consumo vertiginoso.

Las series apuestan al guion, construyen universos, abren diversas posibilidades de continuidad. Con ello, incentivan la elucubración de teorías y conspiraciones por parte de fanáticos. La experiencia de la maratón se extiende a otros espacios y convierten, así, los contenidos en narrativas transmedia. De estos grupos en redes sociales, por ejemplo, surgió la presión de los fanáticos ante la cancelación de *Sense8*, una historia que contaba con dos temporadas y un público cautivo ante el cual Netflix se vio obligado a producir un siguiente capítulo especial. Lo mismo ocurrió con *13 Reasons Why*, basada en un libro y que debido a la cantidad de teorías posibles para su continuación se confirmó una segunda temporada. Finalmente, también tuvo lugar un filtrado –en inglés, *leak*– de capítulos de *Game of Thrones* que revolucionó a la comunidad de fanáticos. Hay quienes incluso dicen que el filtrado fue una estrategia de marketing de la propia HBO para mantener a su masa crítica en alerta y hablando del tema. La práctica del filtrado incentiva, de algún modo, a la actividad de las audiencias para conseguir este material que anda girando por internet. Estas audiencias fanáticas ostentan como valor haberlo visto y hacerlo circular. Por lo que el filtrado, propio de las lógicas digitales, se relaciona con la viralización y las formas digitales de lo prohibido. Por todo esto, la convergencia del visionado activo de las series y las redes sociales postulan un consumo muy diferente al del espectador del cine y las audiencias de la televisión. De allí que las productoras de series abran juego a sus fanáticos al incorporar las lógicas de visionado que las audiencias proponen. Una nueva forma de producir televisión que apela a la retroalimentación y apuesta a una nueva era de la industria cultural televisiva. De estas dinámicas cabe preguntarse sobre las implicancias narrativas que tienen lugar a raíz de conocer los gustos de las audiencias y de las formas de decodificación. En este contexto, tienen lugar diversos procedimientos narrativos entre los que se destacan la precuela, el *spin off* y el *crossover*.

La precuela, el *spin off* y el *crossover*

La cuarta temporada *de Fear The Walking Dead (Fear TWD)* es un buen caso para reflexionar sobre algunos procedimientos narrativos explorados en el actual auge de las series televisivas. Se trata de una historia que puede definirse en términos narrativos como precuela y *spin off*, al tiempo que apela al procedimiento del *crossover*.

La serie, creada por Robert Kirkman y Dave Erikson, comenzó en 2015 luego del éxito de su predecesora *The Walking Dead* (*TWD*). La historia se centra en una familia de Los Ángeles desde donde se cuenta el comienzo del apocalipsis zombi y la decadencia de la sociedad contemporánea. En la cuarta temporada se puede asistir a un cruce esperado por los fanáticos, la llegada del personaje Morgan Jones (Lennie James) de *TWD* para tomar protagonismo en *Fear TWD*.

La serie se trata de una precuela porque relata hechos anteriores a los narrados en su historia original. Casos como *El joven Sheldon* o *Bates Motel* ofician como precuelas de *The Big Bang Theory* y *Psicosis*, que cuentan con el valor de contar historias ya conocidas por las audiencias y con esto enfrentarse a públicos que saben lo necesario para comprender el universo que plantean. Se apela, generalmente, a estas producciones cuando quedan cabos sueltos que pueden explicarse en el pasado y que en la historia original serían datos accesorios o desviarían el relato. También cuando se trata de sucesos de audiencia y los productores de la precuela se contentan con quedarse al menos con un porcentaje de los seguidores de la historia original. En el caso de *Fear TWD* se cuenta el origen del apocalipsis y quizá pueda conocerse el detalle de sus causas.

Las precuelas se hicieron famosas en el cine, sobre todo, en el género del terror, cuando agotada la historia en reiterativas secuelas, se buscaba un giro con la pretensión de explicar sagazmente el pasado remoto de estos fenómenos. El capítulo cero, el origen, la génesis, en las series se ve comúnmente al finalizar las temporadas y con la necesidad de continuar el universo narrativo con otros actores y actrices. Sin embargo, en series como *Fear TWD* o *Better Call Saul* fueron historias concomitantes a las predecesoras y con un éxito notable.

Algunas de estas series, a su vez, pueden catalogarse como *spin off*. Cuando una producción de la industria cultural tiene éxito, algún personaje o historia secundaria puede convertirse y desplegar una historia autónoma. Los casos de *La ley y el orden* o *CSI* en sus múltiples ediciones o la serie de Joey (uno de los personajes de *Friends*) son ejemplos ineludibles.

La sinopsis oficial de la cuarta temporada de *Fear TWD* señala que "el pasado inmediato de los personajes se mezcla con un presente incierto de lucha y descubrimiento mientras conocen a nuevos amigos, enemigos y amenazas. Luchan por ellos mismos, entre ellos y contra una legión de muertos para construir, de algún modo, una existencia frente a la aplastante presión de las vidas que se deshacen. Habrá oscuridad y luz, terror y gracia; los heroicos, los mercenarios y los cobardes, todos chocando juntos hacia una nueva realidad". Lo que se inscribe en cierta incitación a contarle a las audiencias algo nuevo, al apelar a la grandilocuencia del relato.

Por otra parte, el procedimiento narrativo denominado *crossover* toma popularidad en un contexto de consumo audiovisual constante en el que las audiencias ven más de una serie a la vez. Además de una precuela y un *spin off*, la serie con la que ejemplificamos recurre al procedimiento del *crossover*, ya que en determinado momento de la historia dos relatos se cruzan. "Dos mundos colisionan", reza la publicidad de la cuarta temporada, en la que se espera que personajes de *TWD* pasen a formar parte de *Fear TWD*. Un caso similar se puede encontrar cuando los personajes protagónicos de *Scandal* (Olivia Pope) y de *How to get away with murder* (Annalisse Keating) se cruzan en ambas series (temporada siete de la primera y temporada cuatro de la segunda). Estrategia que apela a convocar audiencias de otras series y a realizar guiños hacia las propias.

Toda realización que apele a estas dimensiones de producción y narrativas, es, por lo tanto, una producción que incorpora los condimentos de la nueva televisión, al pensar en sus audiencias superconectadas y con hábitos de consumo propios de fanáticos. Por todo esto, el universo lúdico de reposición de información previa que propone la narración, la emoción de la acción y el suspenso, convierten a estos momentos de la historia en acontecimientos mediáticos y en eventos relevantes de la cultura pop audiovisual contemporánea.

Los antihéroes, las distopías y la nostalgia por el pasado

Los algoritmos revelan datos acerca de las preferencias de los públicos. Aunque se trate de fríos desarrollos informáticos arrojan datos de interés sobre las audiencias y las constantes en materia de producción audiovisual. En este sentido, la proliferación de antihéroes, las historias distópicas y la nostalgia por el pasado reciente, pueden explicarse como recetas probadas y estereotipadas ante el gusto de las audiencias.

Desde el estreno de *Los Soprano* en 1999, los antihéroes serían los protagonistas indiscutidos de las series televisivas de principios del siglo XXI. *Dexter, Breaking Bad, Game of Thrones*, entre otras, apelarán a personajes incorrectos, al borde de la ley y de las buenas costumbres generalizadas, para interpelar a las audiencias sobre la identificación con estos personajes más que con sus acciones. Esta dimensión, que las series descubren antes que el cine, le sirve a la industria para generar nuevos personajes que corren el umbral de la moral televisiva de aire.

Un segundo elemento narrativo, que no es nuevo, pero que toma fuerza en la contemporaneidad de las series es la distopía. Se trata de relatos que representan escenarios indeseables y desde el marco de la ciencia ficción desafían a las audiencias como creadoras del mundo en el que viven y del futuro que vivirán las próximas generaciones. La dureza de los regímenes totalitarios en *1984* de George Orwell, la cara oculta de la celebrada modernidad en *Un mundo feliz* de Aldous Huxley o el tortuoso avance de las tecnologías en *Black Mirror*, son clásicos del género que se valieron de este recurso retórico para realizar críticas sagaces a las sociedades en las que fueron creadas.

Desde que Netflix comenzó a producir series realiza contenidos locales con improntas identitarias de diferentes países. De allí resultaron, por ejemplo, *Las chicas del cable* en España o *Edha* en Argentina. *3%* es la primera serie brasileña original de Netflix y se trata de una historia distópica que presenta reminiscencias con la contemporaneidad. El relato se centra en una población subsumida en la pobreza que ve una luz de esperanza en la posibilidad del "proceso de selección" que deben atravesar los jóvenes al cumplir veinte años. Este proceso es llevado adelante por el Estado que los evalúa tanto de modo intelectual como físico y emocional. Para quienes superen el proceso de selección les espera pasar a Altamar o "el extranjero", territorio imaginario que se presenta como eterna promesa de bienestar. Lo exclusivo y mítico de este lugar se sustenta en el dato reiterado: de aquel lado solamente habita el 3% de la humanidad.

Las distopías juegan con el horror y la fantasía, se posicionan como escenarios ficcionales donde se pone en jaque el principio de realidad y todo está permitido. Se señala a la humanidad y la artificialidad como opresoras en medio del sojuzgamiento del ser humano hacia sus pares. *The Handmaid's Tale*, *Altered Carbon* y *The Rain*, por mencionar solo algunas, además de entretenimiento de primer orden proponen reflexionar sobre la condición humana.

El tercer elemento que destacamos se relaciona con la nostalgia por el pasado que ponen en relieve algunas series del momento. *Stranger Things*, *Dark*, *Narcos*, *Wild Wild Country*, *The Americans*, por mencionar solamente algunas, nos proponen regresar al umbral entre los años ochenta y los años noventa, a sus estéticas, lugares y objetos identitarios. Ante audiencias de más de treinta y cinco años de edad esta apelación a sus infancias propone un volver a vivir y relacionar la propia industria cultural con otras historias, como *Volver al futuro* o *ET*. El cuarto capítulo de la tercera temporada de *Black Mirror*, titulado "San Junipero", es uno de los más celebrados. El relato apela a una historia de amor entre dos mujeres que sucede en los años ochenta. Desde el uso del *jean*, hasta las canciones de moda en esos años, pasando por los locales con la impronta de la época, construye un clima que le valió el premio Emmy al mejor telefilme.

Estos elementos pueden llegar a ser los más visibles por su reiteración y la aceptación por parte de las audiencias. Sin embargo, la narratividad de las series del momento se va modificando a la luz de la retroalimentación con sus destinatarios, que en el marco del uso de redes sociales cada vez tienen más voz ante los productores televisivos.

A modo de cierre y de apertura de nuevas reflexiones: narrativas transmedia, convergencia cultural y universo *fandom*

El presente capítulo se propuso dar cuenta de los desplazamientos conceptuales de grilla, *prime time, rating* y *zapping*, a maratón, *spoiler* y filtrado; además de advertir las apuestas de producción para expandir universos como las precuelas, *spin off* y *crossover* y las implicaciones narrativas de las irrupciones de las audiencias que postulan antihéroes, distopías y nostalgia por el pasado. En relación a estas dinámicas resulta interesante pensar los procedimientos envueltos en una cultura participativa que involucra narrativas transmedia, dimensiones de la convergencia cultural y el desarrollo de un universo *fandom*.

Desde que fue desarrollada por Henry Jenkins en 2003, la idea de narrativa transmedia se operacionaliza tanto en el mundo académico como en el de la producción. Ese modo de contar historias para apelar a las potencialidades de todos los medios de comunicación posibles propone a la industria el desafío de la construcción de universos más que de historias autoconclusivas. De este modo, los personajes pueden comenzar en un formato (libro, videojuego o serie televisiva) y pasar a desarrollarse en sagas de diferentes lenguajes. Lo importante en una narrativa transmedia es que propicia la interactividad con las audiencias, de este modo el universo de internet y redes sociales como las instancias presenciales son parte constitutivas de las historias.

En este sentido, resulta interesante pensar en términos de convergencia. Ligada generalmente a una lectura tecnológica, la convergencia describe la posibilidad de unificar en un mismo artefacto diferentes prácticas o posibilidades, como obtener conexión a internet, telefonía, usos de videojuegos, video bajo demanda. Sin embargo, la idea de convergencia cultural pone en relieve la perspectiva de las audiencias al crear dinámicas y formatos para estas pantallas. El *youtuber*, el *twittero* o el *instagramer* se configuran como sujetos comunicacionales por la apropiación de tecnologías convergentes, pero devienen en productos de la convergencia cultural.

En ese marco, se debe señalar la diferencia entre el canon y el *fandom*. Mientras en el primer grupo de producciones se encuentra la idea de autor, los derechos de edición, el *merchandising* y la marca; en el universo *fandom* se encuentran los *fanart, fanfics, fanvideos, fansubs, fandubs* y *cosplays*. Se trata de quienes realizan producciones aficionadas de las historias que siguen como fans con el solo fin del reconocimiento por parte de sus pares.

Las narrativas transmedia, la convergencia cultural y el universo *fandom* explican en parte los nuevos consumos del audiovisual digital. Se trata de historias que apelan a tecnologías que hace unos años no existían y de allí que puedan desarrollarse por parte de las audiencias nuevas dinámicas de consumo, que propongan una apropiación de las historias al punto de poder retroalimentarse con los productores.

Aproximarnos al conocimiento de las audiencias siempre es una tarea propia de metodologías de la investigación cualitativas, asentadas en las técnicas de la observación participante, las entrevistas y la corresidencia en el momento de visionado. Sin embargo, las conceptualizaciones expuestas se proponen como herramientas de abordaje a estos estudios que buscan visibilizar las transformaciones tanto tecnológicas como narrativas y de uso del audiovisual en el estadio digital de su historia.

Referencias

Carlón, M. y Scolari, C. (2009). *El fin de los medios masivos: el comienzo de un debate.* Buenos Aires: La Crujía.

Ferraz Fernandez, A. y Falchetti, M. (2012). Cultura Participativa e Lógica das Relações de Produção Colaborativa: Fandons, Fanfics e Fan films. En Castro, C. (org.) (2012), *Conteúdos em multiplataformas: extensões das narrativas digitais.* Porto Alegre: Armazém Digital.

Jenkins, H. (2010). *Convergence culture. La convergencia de los medios de comunicación.* Buenos Aires: Paidós Comunicación.

Murolo, N. L. (2017). Pensar en pantallas: jóvenes, tecnologías, usos y narrativas. En González, N. D. y Nicolosi, A. P. (comps.), *Transiciones de la escena audiovisual: perspectivas y disputas.* Bernal: Universidad Nacional de Quilmes. Libro digital, descarga ISBN 978-987-558-462-4.

Murolo, N. L. y Aon, L. (2018). Maratón en Netflix. *House of cards* entre la narrativa de la televisión y la web. *Revista Tram(p)as de la comunicación y la cultura,* (82), e023 (octubre-marzo 2018). ISSN: 2314-274X. Recuperado de http://perio.unlp. edu.ar/ojs/index.php/trampas/article/view/4798

Murolo, N. L. (2016). La pantalla pirata: usos y apropiaciones del audiovisual en Internet por parte de jóvenes. *Divulgatio,* Revista de la Secretaría de Posgrado de la Universidad Nacional de Quilmes. *1*(1). Recuperado de http://revista-divulgatio.web.unq.edu.ar/?entradas-ejemplares=la-pantalla-pirata-usos-y-apropiaciones-del-audiovisual-en-internet-por-parte-de-jovenes

Silverstone, R., Morley, D. y Hirsch, E. (1996). Tecnologías de la información y la comunicación y economía moral de la familia. En Silverstone, R. y Hirsch, E. (edits.), *Los efectos de la nueva comunicación. El consumo de la moderna tecnología en el hogar y en la familia.* Barcelona: Bosch.

La nostalgia: un puente analógico-digital hacia la era de las nuevas pantallas

Por Ignacio Del Pizzo

> "Toda niño sensible sabrá de qué estamos hablando"
>
> Fun People

Hora de empezar

En el capítulo anterior mencionamos la nostalgia por el pasado propuesta por varias series que son éxitos mundiales en la actualidad. Aquí vamos a ahondar en este escenario y, a partir de la línea conceptual que nos sitúa, pensaremos algunas reflexiones acerca de nuestro tiempo, en el que no dejamos de añorar tiempos pasados en los que, vaya paradoja, soñábamos constantemente con tiempos futuros.

Si de tiempos se trata, vivimos en uno en el que muchas personas que jamás se interesaron por las dinámicas del lenguaje, ante el avance de movimientos sociales que visibilizan la necesidad de repensar nuestras prácticas de comunicación en pos de la construcción de un mundo más justo y diverso, encuentran en la Real Academia Española (RAE) una entidad de suma legitimación del *status quo*. Por ende, y porque no queremos estar fuera de nuestro tiempo, indagamos en las formas en que dicha institución define al término "nostalgia", y lo hace de las siguientes maneras, a saber: "Pena de verse ausente de la patria o de los deudos o amigos" y "Tristeza melancólica originada por el recuerdo de una dicha perdida". Dos tangos, básicamente.

La nostalgia como concepto ha sido sumamente estudiada, tanto que ciertos autores alertan sobre la necesidad de diferenciarla de la historia en sí misma (Brocken, 2003). Aquí tenemos la intención de proponer que su vinculación con las tecnologías de la comunicación que se popularizaron en el siglo XXI es mucho más profunda de lo que nos imaginamos, y compartir algunas reflexiones y aproximaciones al respecto.

Hablamos de nuevas pantallas como *hardware* y *software* en simultáneo, las entendemos como fenómenos convergentes de la socialización y su intrínseca relación con la industria cultural. Sí, son novedad y reminiscencia (Murolo, 2012), pero ya no únicamente en lo que refiere a nuestra antropología de consumo y producción, sino también que la idea de reminiscencia se nos presenta, cada vez con más fuerza, como un recuerdo nostálgico de un mundo que, quizá, nunca habitamos por completo.

Una memoria de un tiempo transcurrido que pasó con la velocidad de la arena entre nuestros dedos. El uso de la metáfora no es casual: no hablamos de relojes de arena porque, si de relojes se tratase, deberíamos hacerlo sobre relojes Casio, por supuesto. Al momento de la redacción de este capítulo, en la página oficial de la empresa japonesa, la línea "Clásico" estaba ubicada dentro de la sección "Juvenil": parece que los nuevos tiempos no lo son tanto o, mejor dicho, que los viejos están más vivos que nunca.

Esto acontece en la época de *smartwatches* (relojes inteligentes –no ahondaremos aquí acerca de lo problemático de la nomenclatura "inteligente" para un objeto–) y todo tipo de *wearables* (prendas de vestir y accesorios que además de sus funciones tradicionales tienen incorporados dispositivos técnicos). También son los tiempos en los que las derechas han vuelto a gobernar en América y los partidos políticos fascistas se robustecen en Europa, con discursos con un fuerte anclaje en el individualismo, en un futuro que será forjado únicamente por los más aptos y en que "la tecnología" (como si tal entelequia se pudiera circunscribir) reemplazará a la mano de obra humana.

Es en estos momentos en los que lo *vintage* vuelve a tomar fuerza y se convierte en un concepto central para entender modas, consumos y aspiraciones. Casi sin darnos cuenta, el usar y tirar que nos propone el capitalismo salvaje encuentra un debate interno, en el que una antigua campera con colores llamativos tímidamente expuesta en una feria americana barrial puede ser la prenda de vestir preferida de cualquier joven. Por supuesto, Adidas Originals y Jordan –de Nike– ya tomaron cartas en el asunto hace muchos años. Dicho esto, ya es hora de empezar.

Hemos soñado otro(s) futuro(s)

Es prácticamente imposible describir a la década del sesenta, porque nunca antes la humanidad había protagonizado tantos cambios en tan poco tiempo. Mientras que la Unión Soviética y Estados Unidos se constituían como líderes indiscutidos de un mundo bipolar en el que bullían sucesos tan paradójicamente similares como la Primavera de Praga y el Mayo Francés, Europa asistía, incrédula, a movimientos trascendentales en el llamado "Tercer Mundo" (integrado por países que tuvieron que esperar muchos años para que se los considere "en vías de desarrollo") que su idiosincrasia imperialista jamás se había imaginado: en África, Oceanía y el Caribe se sucedían independencias de antiguas colonias que rompían las cadenas que las ataban a intereses europeos.

Además, cada continente vivía sus propios cambios desde muchos rincones. Situándonos en el africano, mientras Nelson Mandela era confinado a prisión en Sudáfrica, Muamar el Gadafi iniciaba una revolución socialista en Libia que sería la piedra fundamental de posteriores proyectos panafricanos. Si pensamos en Latinoamérica, la Revolución Cubana triunfante un poco antes del inicio de la década oficiaba de ejemplo a movimientos guerrilleros en todo el territorio, pero, al mismo tiempo, veía cómo la prédica internacionalista sufría un revés inexorable con el asesinato de Ernesto "el Che" Guevara en Bolivia. Mientras tanto, en Asia convivían la Guerra de Vietnam con la Revolución Cultural China, hitos heroicos inconmensurables para sus respectivos pueblos.

¿Y las potencias? En la Tierra, comunismo y capitalismo se dividían el planeta, que ya quedaba chico para el conflicto: tan es así que la nueva carrera era la espacial, en la que Yuri Gagarin se convirtió en el primer ser humano en llegar al espacio e izar la bandera de la Unión Soviética más alta que cualquier otra. Pero, también en la década del sesenta, Estados Unidos respondió con Neil Armstrong que clavaba su insignia en la Luna, hecho transmitido en vivo y en directo que se convirtió, sin dudas, en el fenómeno televisivo más importante del decenio y, quizá, de la historia.

Aquí podemos hacer una breve pausa en nuestro recorrido e intentar comprender el impacto global generado por la mediatización de dicho acontecimiento. La vieja pantalla del televisor ya había alcanzado su lugar central en los *livings* de los hogares al nuclear a las familias a su alrededor ¿Cómo no confiar en lo que vendría, si los pequeños pasos del hombre son grandes saltos para la humanidad?

Vemos cómo el presente en los sesenta, sin dudas, era el futuro. Refundaciones, independencias y conquistas con naves espaciales. Pero, en medio de este tiempo que apenas entraba en su tiempo, en uno de los países europeos que asistían atónitos a estas múltiples manifestaciones, la música se hacía escuchar entre tanto ruido y The Beatles cambiaba la historia de la industria cultural para siempre. Por eso, en el presente capítulo vamos a enfocarnos en algunos aspectos de la producción musical y sus conversaciones con el campo simbólico para desarrollar nuestra idea acerca de la relevancia fundamental que tienen los nuevos dispositivos de comunicación en relación a la ya clásica tendencia nostálgica de la cultura pop.

A mediados del segundo lustro de la década, los cuatro de Liverpool editaban su octavo disco de estudio: *Sgt. Pepper's Lonely Hearts Club Band*, al cual la crítica no dudó en situar como el inaugural del pop pastoral británico (revisitado a lo largo de la década por incontables bandas, con suerte dispar). No es azaroso que el *track* que abre el disco sea *Strawberry Fields Forever*, en el que escuchamos una narración que pareciera estar a cargo de un inocente infante (más allá de la indiscutible influencia de los efectos del ácido lisérgico en su composición). Tampoco es casual que el tema que da nombre al disco mixture elementos que son posibles de rastrear en tradiciones musicales extremadamente disímiles: desde la génesis del rock pesado hasta las típicas orquestas eduardianas (MacDonald, 1994).

El larga duración, a su vez, contiene dos canciones en las cuales nos vamos a detener, porque el tiempo parece hacerlo mientras suenan: *When I'm Sixty-Four* y *Being for the Benefit of Mr. Kite!* se constituyeron como estandartes de los recuerdos de tiempos mejores de un imperio en crisis. Quizá, nuestros consumos nostálgicos de principios del tercer milenio después de Cristo tengan bastante más que ver con estas piezas musicales de lo que pensamos.

Nostálgicas novedades

Con el mencionado disco de la banda integrada por Paul McCartney, John Lennon, George Harrison y Ringo Starr, el rock dejó de ser un mero producto de entretenimiento y adquirió un nivel de acreditación cultural inédito para un fenómeno de tal popularidad. En el marco de un período de música inglesa excepcional, la cobertura mediática que tuvo el nuevo material fue mayor que cualquiera sobre otro producto de la industria cultural de la que se tuviera memoria (Heylin, 2007).

Mientras Estados Unidos se constituía como la sociedad de consumo por antonomasia, las canciones sobre las cuales vamos a explayarnos representan de forma cabal el intento de "britanización" de la más popular de las bandas inglesas que, a su vez, era la representante de un movimiento artístico que jamás se volvería a repetir en ninguna parte del globo. *When I'm Sixty-Four* y *Being for the Benefit of Mr. Kite!* se refieren a la cuestión del tiempo desde abordajes sumamente diversos y tienen clarísimas referencias al *music hall*, género que tuvo su cúspide de popularidad entre fines del siglo XIX y principios del XX. Es decir, mucho tiempo antes.

La primera canción fue escrita por McCartney cuando era adolescente y su padre cumplió sesenta y cuatro años. La letra es una invitación a su enamorada para que lo acompañe durante su edad adulta, y una pregunta acerca de si lo iba a seguir queriendo cuando tuviese sesenta y cuatro años. Vemos –escuchamos, mejor dicho– que un joven músico de Liverpool estaba pensando en el futuro, pero no del modo en el que suelen hacerlo los adolescentes, que quieren ser adultos para, según su imaginario, "hacer lo que quieran". No, se imaginaba a los sesenta y cuatro años. Estaba fantaseando con una edad en la que, sin dudas, añoraría su pasado adolescente. Es decir, su presente.

La segunda pieza, por su parte, fue compuesta por Lennon tras observar un afiche promocional de una feria victoriana de 1843 apostado en un negocio de antigüedades: no es menor el hecho de que encontró su fuente de inspiración en una tienda de ese tipo, ni que la instrumentación del tema remonte directamente al burlesque. Otra vez, asistimos a un proceso similar que el anterior: la gestación de la canción estaba asociada a un tiempo que no le era propio al compositor.

El primer tema apelaba a un futuro hecho para extrañar; el segundo, a un pasado que solo parecía existir en un negocio de antigüedades. Claro que el desarrollo de estas canciones puntuales, el lanzamiento de este disco en particular, y el crecimiento de The Beatles como banda en general, no fue azaroso ni mucho menos, sino que respondió a un clima de época en el que los fanáticos del grupo eran los hijos de los sobrevivientes –o, peor aún, de los caídos– de la

Segunda Guerra Mundial, nacidos durante el *baby boom* de posguerra... y que dos años antes habían presenciado –algunos, orgullosos; otros, atónitos– cómo la reina Isabel II entregaba la Orden del Imperio Británico a sus ídolos.

Este contexto es lo único que puede explicar que el lanzamiento del primer larga duración de Pink Floyd, *The Piper at the Gates of Dawn*, también se haya producido en 1967. Como "clima de época" entendemos, además del tiempo, al espacio: la monumental obra pergeñada por la extendida percepción de Syd Barret se grabó en la sala contigua del estudio de Abbey Road en el que The Beatles registraban, casi en simultáneo, su *Sgt. Pepper's Lonely Hearts Club Band*.

Ambos discos son sumamente nostálgicos, aunque desde diversas perspectivas: vemos que el universo *beatle* no era el único en el que la añoranza encontraba una fuerza inobjetable, sino que se trataba de una característica de la cultura popular británica de aquellos años (Cambiasso, 2014). Muchos historiadores coinciden en situar el inicio de este *revival* por el pasado en el marco de la crisis del Canal de Suez, que derivó en que la clase dirigente británica aceptase alinearse a Estados Unidos en política exterior, lo que llevó al país a una dependencia en términos económicos y la sensación de que el imperio ya no era el de antes. Pero no fue el primer *revival*: los británicos ya tenían experiencia en revisitar su propio pasado; por ejemplo, con la recuperación de la canción folk tras el aluvión de críticas internacionales recibidas por su participación en las guerras de los Bóeres libradas contra la población de ascendencia holandesa en Sudáfrica (de 1880 a 1881 y de 1899 a 1902, respectivamente).

Así como el primer *revival* se construyó mediante expertos de la *English Folk Dance and Song Society*, el segundo se fortaleció a través de la radio. Faltarían varias décadas para que empezáramos a hablar sobre nuevas pantallas, pero podemos reconocer cambios sustanciales en lo que podríamos englobar como instituciones de comunicación de la nostalgia.

Breve cronología de la eternidad

Los jóvenes de la pujante clase media británica tenían todas las comodidades por las que sus padres habían luchado, en el marco de mayor expansión del capitalismo y, al mismo tiempo, del estallido de movimientos estudiantiles de extrema izquierda en países tan diversos como Estados Unidos, Francia, Holanda, Italia, Japón, México o Nicaragua, solo por nombrar algunos. Mientras la mitad del mundo celebraba en 1967 el centenario de la publicación de *El capital* de Karl Marx, el proletariado europeo no comunista se convertía cada vez más en una población reformista, a causa de las mejoras en su nivel de vida, posibilitados por un sistema imperialista que empeoraba, en mayor medida, las vidas de los trabajadores de los países no industrializados (Colleti, 1982).

Entre la nueva burguesía compuesta por sus padres que se percibían como héroes del pasado y los movimientos revolucionarios que soñaban con un futuro distinto, estos jóvenes comenzaron a reconocer su propio presente al detectar problemas que también les eran propios y abrazaron causas como el feminismo, la liberación homosexual y la igualdad étnica. Tenían privilegios, es cierto, pero también problemas (Berman, 1997). El humor social británico estaba fuertemente marcado por una sensación –o certeza– de que los "buenos tiempos" habían finalizado, una sensación de vacío que la joven cultura popular *british* no dudó en completar con una inusitada producción y expansión de su forma más visible o, mejor dicho, audible: la música pop.

La psicodelia británica estaba obsesionada con la nostalgia, la idea de una infancia cercana pero remota, la pérdida de la estabilidad de la época victoriana (1837-1901, cenit del poderío nacional tras la superación de gravísimas epidemias y la posterior culminación del proceso industrializador) e, incluso, del breve período eduardiano (1901-1910, que a pesar del recrudecimiento de conflictos sociales, se caracterizó por un fuerte desarrollo de múltiples expresiones artísticas). De todas formas, no fue el único género musical atribulado por la temática de la nostalgia: la escena pop se ampliaba a partir del *underground* psicodélico que, a su vez, dejaba de ser tan subterráneo (Boyd, 2007).

A medida que pasaban los años, las crecientes problemáticas de la sociedad inglesa se empezaron a evidenciar y a finales del sesenta y principios del setenta la escena presenció el surgimiento de múltiples fenómenos musicales diversos, cada uno con sus respectivas representaciones. Desde los sectores populares emergió el *heavy metal* que, si bien modificó sustancialmente los rituales de consumo, sostuvo –y hasta profundizó– los aires nostálgicos de la escena (Del Pizzo, 2012). Los sectores medios herederos de la psicodelia, por su parte, respondieron con la música progresiva que cayó por su propia grandilocuencia en un contexto de crisis económica. Mientras tanto, las discográficas empezaron a reconocer que sería difícil igualar los picos de creatividad y excelencia musical de la década anterior y apelaron, de forma recurrente, a la industria de la recopilación, proceso que se extremó a partir de la crisis del petróleo de 1973 que puso en jaque a la fabricación de discos de vinilo.

¿En qué derivaron todos estos *booms* nostálgicos? La respuesta es clara: al grito de *no future* a mediados de los setenta estalló el punk, movimiento nihilista que renegaba de la nostalgia en particular y del pasado en general, y no concebía la idea del progreso. También se fortaleció la incipiente música electrónica, especialmente en Alemania, el histórico enemigo de Inglaterra: desde Düsseldorf, Kraftwerk fantaseaba con robots, dispositivos electrónicos futuristas y avances técnicos que rozaban la ciencia ficción. Si la psicodelia, el heavy metal y la progresiva le cantaban loas al pasado y el punk aullaba que no había futuro, la electrónica lo empezaba a mirar con buenos ojos.

Pasado, presente y futuro. Miradas apocalípticas o mesiánicas. Extrañando un pasado que no iba a volver o aspirando a un futuro que llegaría demasiado pronto y sería tan o más desalentador que ese presente que pronto se constituiría, claro está, en un pasado que valdría la pena recordar. Esta escena no se componía únicamente de música, sino también del *style* que la acompañaba. Cada uno de los referentes artísticos de la época tenía uno y sus seguidores empezaron a adoptarlo. Dicho estilo no se supeditaba al estilo de música –que, como vimos, era cada vez más estratificado–, sino también a usos, costumbres, visión del mundo y orientación política.

Mientras nacían nuevos espacios culturales, se incursionaban novedosas formas de vivir la sexualidad y se popularizaban las drogas duras y recreativas, también creció la represión policial. En este contexto, el estilo se empezó a constituir como marca identitaria de los jóvenes hijos de la clase trabajadora, que se diferenciaban de los mayores y, a su vez, entre sí, a través del acceso a bienes de la industria cultural, desde discos hasta vestimenta, todos cada vez más difundidos (Schaffner, 2005). Al calor de los *happenings* y al frío de la represión, nacieron los sesenta que rápidamente parieron a los setenta.

En estas décadas se empezaron a masificar formas nostálgicas de habitar el presente por parte de jóvenes de los que se esperaba que forjaran un futuro superador. Psicodélicos con ropas cuyos colores remitían a la naturaleza campestre, metaleros con simbología religiosa medieval y punks con la ropa más vieja y rota por el uso que pudieran encontrar. Este fenómeno se empezó a robustecer con el paso de los años y, en la actualidad, tiene un alcance masivo en el mundo occidental, lo que constituye uno de los tantos fenómenos que se desprenden de la frenética globalización, acelerado aún más desde la masificación de los nuevos dispositivos de comunicación.

¿De solo lectura o de acceso aleatorio? Constitución de una era de complementación de memorias

Los años y las décadas pasaron –transcurrió el tiempo, en suma– y estas tendencias se fueron profundizando. En el plano internacional, muchas bandas influenciadas por Kraftwerk navegaron sobre las aguas de la electrónica, ya no soñando con el futuro sino recordando un pasado paradójicamente futurista. Podemos enumerar un larguísimo listado de producciones en esta línea, pero dudamos de que exista una metonimia más clara al respecto que *Random Acces Memories*, disco del dúo francés Daft Punk, homenaje a la música de los setenta y de los ochenta, grabado en la década del diez, pero de otro milenio.

Durante la grabación del mismo, sus integrantes explicaron que en los tiempos en que se intentaba robotizar a la voz humana –en referencia a programas como el Auto-Tune que, vale mencionar, el grupo siempre utilizó-, estaban intentando humanizar la voz de los robots. Frente a los insistentes intentos de popularizar algún futuro mediante artilugios técnicos, trabajaron denodadamente para que dos robots del futuro encontraran las voces más humanas posibles: las del pasado (Weiner, 2013). ¿El resultado? Uno de los mejores discos de las últimas décadas que, sin dudas, se convertirá en un clásico. O quizá ya lo sea, y el paso del tiempo –cuándo no– será el encargado de posicionar a la pieza en dicha categoría, reservada para tan pocas obras.

Claro que este debate no es exclusivo de la música electrónica. Fueron muchísimos –y son cada vez más– los artistas que a partir del *Sgt. Pepper's Lonely Hearts Club Band* hicieron lo posible por revisitar el pasado, al trabajar, incluso, con dispositivos de grabación *lo-fi*, desde Daniel Johnston hasta John Frusciante, además de múltiples grupos referentes de géneros tan diversos como el grunge, el hardcore, el heavy metal y el hip hop, por nombrar algunos.

Hasta aquí, algunos de los ejemplos más evidentes del plano internacional. Pero, al igual que en casi la totalidad de las expresiones de la cultura pop, en todo este tiempo la música popular argentina no se quedó, valga la redundancia, fuera de la producción de piezas referidas al concepto del tiempo. Con una resignificación a Pablo Milanés, en 1986 Luca Prodan cantaba: "El tiempo pasa, nos vamos poniendo tecnos". Al año siguiente, Patricio Rey y sus Redonditos de Ricota se reunió a grabar y un año después lanzó un disco con el cual ya no nos quedaban dudas acerca de que el futuro había llegado hace rato. Y huelgan las palabras si nos referimos a Gustavo Cerati, quien inauguró el tercer milenio con la enseñanza de que siempre es hoy.

Si hablamos de música popular argentina y nos situamos en los comienzos de 2000 como punto de –una nueva– partida, es menester recordar los primeros discos de dos bandas de cumbia villera, exponentes ineludibles del género: *Para los pibes* y *Ritmo y sustancia*. ¿Por qué mencionamos estos materiales? Porque corresponden a Damas Gratis y Mala Fama. ¿Por qué es pertinente destacarlos? Porque siguen siendo, veinte años después, las bandas más populares del género. ¿Cómo lo lograron? En primera instancia, por su enorme calidad musical. Pero, también, porque sus líderes han sabido dialogar con el resto de la industria cultural: Pablo Lescano como colaborador de numerosos músicos de varios géneros y Hernán Coronel como fenómeno transmedia. Damas Gratis nunca dejó de ser la banda de cumbia villera más masiva. Mala Fama, por su parte, regresó a la popularidad a medida que lo hizo su líder a través del uso que le dio a las redes sociales. Esta cumbia villera "sobreviviente" de la crisis de 2001, casi a dos décadas de su apogeo, es un claro ejemplo de una nostalgia por un pasado para nada auspicioso, en un presente que tampoco se caracteriza por ser superador.

No sería prudente proseguir sin mencionar que los soportes también tuvieron un rol clave en este proceso. Más arriba nos referíamos a la caída de la producción de vinilos producto de la crisis del petróleo del 73... pero desde hace algunos años asistimos a un *revival* de los mismos. Si bien su consumo siempre se mantuvo estable entre los círculos melómanos, en el último tiempo el acceso ha crecido y no solo por la búsqueda de una mayor fidelidad en el sonido, sino como objeto de culto. Entre su auge original y su resurgimiento del nuevo siglo, asistimos al *revival*, masificación y declive de formatos tales como el casete, el CD, el MP3 y el MP4, solo por nombrar a los más populares.

El desarrollo técnico de este tipo de formatos encontró un nuevo enfoque de análisis con el *boom* de la descarga de discografías completas de la *world wide web*. Desde el cisma entre Napster y Metallica a nuestros días, mucho tiempo ha transcurrido y a pesar de que la piratería informática está más viva que nunca, nuevas regulaciones establecieron y fueron moldeando, progresivamente, formas legales de escucha en línea que reemplazaron a las decenas de páginas *peer-to-peer* (P2P). Spotify es el máximo exponente y, entre sus múltiples *playlists* divididas por géneros musicales, encontramos numerosas cuyos criterios se basan, no únicamente, pero sí principalmente, en los años en los que las canciones fueron compuestas. Tan es así que en la categoría en la que esto más se visibiliza, "Décadas", encontramos la lista "Tu cápsula del tiempo", en la que explícitamente la descripción reza: "Hemos creado una *playlist* personalizada para ti con temas que te transportarán al pasado". Algoritmos que cruzan no solo gustos estéticos o preferencias personales, sino que lo hacen centrándose en la cuestión temporal. Vemos como no solo una moderna aplicación invita a disfrutar del pasado, sino que crea un pasado particular a cada uno de sus usuarios. Nombrando estos soportes, debemos mencionar a otros, de diversos lenguajes. Nos fotografiamos con cámaras Polaroid, compramos y vendemos juegos de *arcade* a través de Instagram y las convenciones de *cosplay* nos remiten a un pasado cercano. Vamos a detener el tiempo musical y, por un momento, proponemos dialogar más allá.

Más allá de la velocidad del sonido

Tal como comentamos en apartados previos, es sabido que la cultura pop revisita su pasado continuamente y existe una prolífica bibliografía al respecto. A los efectos de este capítulo, circunscribimos la mayor parte del desarrollo a la música, porque entendemos que la publicación del *Sgt. Pepper's Lonely Hearts Club Band* marcó un antes y un después en esta tendencia, pero no podemos finalizar este recorrido sin detenernos, al menos brevemente, en otros lenguajes y fenómenos culturales en los cuales las nuevas pantallas toman una importancia cada vez más preponderante.

Ante la salida al mercado de algún nuevo celular, cientos de personas hacen largas filas durante la madrugada para ser las primeras en adquirir la novedad del mercado tecnológico, porque seguramente tendrá ciertos desarrollos técnicos que mejoran la calidad de la edición inmediatamente anterior o, al menos, eso reza la incesante publicidad. Ahora bien: ¿cuál será uno de sus principales usos? Fotografiar el momento, con cámaras integradas de última generación para compartirlas en Instagram... una red social cuyo logo es una Polaroid y nos permite publicar fotos con numerosos filtros *vintage*.

Pero la "cuestión Polaroid" no finaliza en el universo simbólico propuesto por esta red social, sino que se materializa con el regreso al mercado de este tipo de cámaras de fotos, tal como sucede con los discos de vinilo y los relojes Casio. Relojes que quedan muy bien con ropa *vintage*, tan es así que conviven en las gráficas de las principales líneas, como Adidas Originals y Jordan, cuya mayor circulación se da en redes sociales en primera instancia y en portales de venta *online*, después.

Aquí, el vínculo entre la nostalgia y las nuevas pantallas se evidencia de manera insoslayable, pero esto sucede desde hace muchísimos años. ¿Qué decir del futurismo ciberpunk de *Matrix* (Lana Wachowski y Lilly Wachowski, 1999)? Una estética que marcó el inicio del nuevo milenio y que hacía referencia a un universo transmedia que nos narraba, vaya paradoja, un futuro en el que la humanidad debía luchar para contrarrestar los errores del pasado y volver a tomar el control del planeta, perdido a manos de... máquinas.

¿Y si pensamos en el escenario de los videojuegos? A muchos, la palabra "arcade" nos remite a esas inolvidables pantallas de tubo insertas en estructuras de madera que nos doblaban en tamaño. Pero, a otros, el mismo término los hará viajar sin escala a Hawkins, donde los ochentosos personajes de *Stranger Things* viven sus aventuras, producidas y emitidas por Netflix, sistema de *streaming* que se caracteriza por publicar contenidos tan nostálgicos como la serie protagonizada por estos niños que, temporada a temporada, dejan de serlo y se convierten en jóvenes. Tal como nos sucedió a nosotros, pasan cada vez menos tiempo en las salas de *arcade*. Quizá, cuando las abandonen y crean que lo hicieron de forma definitiva, les pase nuevamente lo mismo que a nosotros: volverán, nostálgicos.

Pero no necesariamente tenemos que regresar a esos espacios, porque abundan las aplicaciones retro para celulares, tal como durante la primera década de 2000 jugábamos a emuladores de SEGA en nuestras PC, con gráficos de baja calidad de los cuales al principio nos quejábamos, pero que luego pasaron a gustarnos... con el paso del tiempo. La nostalgia y los videojuegos tienen una relación muy marcada: la podemos situar en el concepto de interactividad, que fue siempre central en lo que respecta a lo lúdico. En un principio, como condición necesaria en los juegos realizados con el cuerpo; luego, en los entretenimientos hogareños, como los juegos de mesa; más tarde, en relación a los videojuegos: primero, uno interactuaba con un sistema, después, con otro jugador que se sentaba al lado y manejaba otro mando, pero conectado al mismo dispositivo y proyectado en la misma pantalla. Posteriormente surgieron los juegos en línea, con los que ya no era necesario compartir el espacio para jugar con otros.

Volviendo a los *arcades*, encontramos que aquí la interacción seguía siendo clave: estas máquinas se encontraban dispuestas en espacios puntuales que tuvieron su auge en la Argentina durante la década del noventa, que se constituyeron en lugares de sociabilización referenciales para muchos grupos de jóvenes. Espacios que muchos creían que serían eternos, mientras que otros avizoraban que los *arcades* pronto se convertirían en decoración *vintage* (Sarlo, 1994).

¿Pero qué sucedía en esos sitios, hace ya dos décadas? Cuando uno tenía una ficha (posteriormente, saldo en una tarjeta magnética), jugaba. Cuando no la tenía, observaba a los otros mientras lo hacían (algo no tan distinto al casino, reservado para los adultos –analógicos y serios–). Una vez dicho esto, plataformas como Twitch, cuya novedad es la transmisión en vivo de la que se vanagloriaba la televisión hace casi un siglo, ¿nos siguen pareciendo tan modernas? Quizá sí lo sean, siempre y cuando comprendamos que la contemporánea idea de novedad es cada vez más nostálgica.

Una conclusión que, ojalá, algún día sea *vintage*

El transcurso del tiempo ha sido ampliamente estudiado en relación a las nuevas pantallas en particular y a las producciones de la industria cultural en general. Aquí, tal como aventuramos a lo largo del texto, esperamos haber contribuido a este análisis al proponer que las nuevas pantallas fortalecen la tendencia de consumos nostálgicos por parte de la cultura pop, y viceversa: el discurrir nostálgico de la cultura popular occidental ha sido de vital importancia para el surgimiento, popularización y auge de las nuevas pantallas.

La cultura pop se regodea de su pasado desde su génesis, y en el escenario hiper mediatizado actual esto crece de forma exponencial. Mientras que autopercibidos *gurús* del conocimiento e intelectuales deterministas llenan páginas de diarios, minutos de radio y televisión, o *feeds* de redes sociales en las que establecen teorías que estratifican a los jóvenes entre *millennials* y *centennials*, miembros de supuestas generaciones Y y Z, asistimos a un presente que tiene a dichos jóvenes como protagonistas de los nuevos medios, pero como gestores de contenidos dinámicos, diversos y originales, que muchas veces resignifican las producciones de la industria cultural que datan de épocas también nostálgicas.

La insoslayable particularidad de nuestro tiempo es la masificación de las nuevas pantallas, que algunos quizá interpreten como una consecuencia esperable en el discurrir de las búsquedas nostálgicas históricas y otros, tal vez, las entiendan como una de las razones del auge de dichas exploraciones. Para nosotros, queda claro, la nostalgia es un puente que nos comunica con las nuevas pantallas... en el que se puede avanzar hacia ambos sentidos. Nada está prohibido, excepto detenerse. El reloj tampoco lo hace, sin importar si es analógico o digital.

Referencias

Berman, P. (1997). *A tale of two utopias: The political journey of the Generation of 1968*. Nueva York: W. W. Norton.

Boyd, J. (2007). *Blancas bicicletas. Creando música en los sesenta*. Barcelona: Global Rhythm Press.

Brocken, M. (2003). *The British folk revival*. Lincolnshire: Ashgate Publishing.

Cambiasso, N. (2014). *Vendiendo Inglaterra por una libra. Una historia del rock progresivo británico*. Tomo 1: Transiciones de la psicodelia al prog. Buenos Aires: Gourmet Musical Ediciones.

Coletti, L. (1982). *La superación de la ideología*. Madrid: Cátedra.

Del Pizzo, I. (2017). El pop se viste de luto. *Espartaco Revista*. Recuperado de http://espartacorevista.com/nota.php?id=15

Heylin, C. (2007). *Vida y milagro de Sgt. Peppers's. Un disco para una época*. Barcelona: Global Rhythm.

Manso, H. y Miraglia, S. (2018). *Foto Estudio Luisita*. Yaguareté Cine. Recuperado de https://play.cine.ar/INCAA/produccion/5897

MacDonald, I. (1994). *Revolution in the head. The Beatles' records & the sixties*. Londres: Fourth State.

Morris, E. (2016). *The B-Side. Elsa Dorfman's Portrait Photography*. Fourth Floor Productions. Recuperado de https://www.netflix.com/title/80145699

Murolo, N. L. (2012). Nuevas Pantallas: un desarrollo conceptual. *Razón y Palabra. Primera revista digital en Iberoamérica especializada en comunicología*. México, (80), agosto-octubre 2012.

Reich, G. (2019). Vivo en la red. *Neo Meida Lab*, episodio 5, UNTREF Media. Recuperado de https://www.untref.edu.ar/mundountref/neomedialab-episodio-5-vivo-en-la-red

Sarlo, B. (1994). *Escenas de la vida posmoderna: intelectuales, arte y videocultura en la Argentina*. Buenos Aires: Seix Barral.

Schaffner, N. (2005). *La odisea de Pink Floyd*. Barcelona: Ediciones Robingook.

Weiner, J. (2013). Daft Punk reveal secrets of new album - Exclusive. *Rolling Stone*. Recuperado de https://www.rollingstone.com/music/music-news/daft-punk-reveal-secrets-of-new-album-exclusive-191153/

Influencers para armar: de líderes de opinión a sujetos de diseño

Por Leonardo Murolo

"La publicidad es hoy un principio negativo, un dispositivo de bloqueo; todo lo que no lleva su sello es económicamente sospechoso. La publicidad universal no es en modo alguno necesaria para hacer conocer los productos cuya oferta se halla ya limitada. Solo indirectamente sirve a las ventas. El abandono de una praxis publicitaria habitual por parte de una firma aislada es una pérdida de prestigio y en realidad una violación de la disciplina que el determinante *gang* impone a los suyos"

Theodor Adorno y Max Horkheimer

Introducción

Muy temprano, en los años veinte del siglo XX, la Sociología Funcionalista puso atención en estudiar los medios masivos de comunicación a la luz de una ingeniería social que los comprendería como instituciones con funciones a cumplir. Desde la Universidad de Columbia en Nueva York, Paul Lazarsfeld y Robert Merton, entre otros, fueron los principales investigadores de una teoría denominada

Mass Communication Research (Investigación en Comunicación de Masas), que por esas épocas focalizó su atención en la radio, como naciente y novedosa creación. Un medio que comenzaba a masificarse, con receptores no tan costosos que llegaban a los hogares de las clases populares, y que del mismo modo que sus predecesores, periódicos, revistas y cine, apuntaba a todo tipo de público con contenidos generalistas.

Las funciones sociales que advertían alrededor de los medios de comunicación "en virtud de su mera existencia" eran "conferir estatus a acontecimientos públicos, personas, organizaciones y movimientos sociales", "imponer normas sociales", "conformar a la sociedad", "impactar sobre el gusto popular" y "difundir propaganda para objetivos sociales", además de señalar una "disfunción narcotizante" ante la cantidad de información que se consumía (Lazarsfeld y Merton, 1977).

Mientras se procuraba entretenimiento, el público masivo se enteraba de las novedades que ayudaban a tomar decisiones –qué comprar, a quién votar, qué normas culturales reproducir– a partir no solo de los mensajes, sino también de sujetos mediadores a quienes respetaban y consideraban. Desde su aparición en nuestras sociedades, los diferentes medios masivos ostentan el encanto de otorgar fama a quienes figuran en sus portadas y horarios centrales. La construcción de un líder de opinión se erige sobre la base de sujetos con un alto conocimiento público. "Ser reconocido por la prensa, la radio, las revistas o los noticieros atestigua que se ha triunfado, que se es lo bastante importante como para haber sido distinguido entre las vastas masas anónimas, que la conducta y las opiniones de alguien son tan importantes que exigen la atención del público. Se puede presenciar muy vívidamente cómo opera esta función conferidora de estatus en la pauta publicitaria según la cual 'personas destacadas' recomiendan un producto" (Lazarsfeld y Merton, 1977). En este sentido, periodistas, analistas políticos y presentadores pueden devenir en formadores de opiniones que parte de sus seguidores compartan.

Sus maneras de hacer circular sus posturas muchas veces son manifiestas y disruptivas, con lo que provocan y buscan el alto perfil. La reiteración mediática y retoma social de sus dichos deviene, incluso, en mesas de debate y paneles en los que se tematizan sus afirmaciones, donde se propone a la ciudadanía tomar postura. También podría ser de manera subliminal en medio de sus intervenciones en entrevistas en las que cuentan sus modos de vida, qué piensan de la política, de la juventud, de la familia y con eso cierta propuesta fluida de un sentido común puesto a compartir con sus seguidores.

Por otra parte, fuera de los medios, pero con relación a sus contenidos, es habitual conocer personas en círculos cercanos que estén informadas en el devenir de la política, los deportes, la cultura y que sus pareceres ante estos temas de interés social sean valorados por su entorno para formar sus opiniones. Se desarrolla la teoría de los dos pasos: nos aproximamos a los mensajes, debates y temáticas propuestos por los medios de comunicación no solamente siendo sus audiencias, sino también a través de otros sujetos que ofician como mediadores de referencia. Esta forma de entender la comunicación se convierte, además, en una teoría de los efectos: un emisor dice algo mediante un canal a alguien con la pretensión de determinado efecto. En definitiva, se trata de una forma de abordar la comunicación que comprende a los medios en el entramado de una ingeniería social dentro de la cual su función es persuadir. Una mirada funcionalista desde lo sociológico y conductista desde lo psicológico para pensar audiencias a las cuales se puede llegar con el convencimiento de mensajes que tendrán como correlato los efectos de comprar, votar, adherir, emocionar, conmover. Temprano en la historia del pensamiento comunicacional se pondrá en discusión este esquema al otorgarle un mayor protagonismo a las audiencias que pasarán de ser sujetos de los efectos a productores de sentidos.

De líderes de opinión a ídolos mediáticos

Además de periodistas que construyen su credibilidad sobre cierta seriedad y ética en su labor como responsables de ponerle rostro y firma a la línea editorial, los medios masivos también son terreno fértil para la germinación de la fama de artistas, actores, actrices, cantantes y deportistas. Talentos tanto industriales como innatos que despliegan sus performances y contenidos y que se construyen entre los ignotos como deidades mundanas. Las audiencias siguen sus trabajos, coleccionan sus discos, sintonizan sus programas, compran entradas para verlos, y crean, así, la dinámica ídolo-fanático, una de las ligazones más necesarias de la industria cultural. Una relación de intercambio que no se agota en el trato comercial de una mercancía con un alto valor simbólico, sino que se traduce en parte de una construcción de identidad. Autógrafos, fotografías, llantos, entradas, pósters, revistas y demás elementos coleccionables que merecen un altar a la vez que no valen nada. Rostros de la cultura pop que adornan los cuartos de los adolescentes, como veneradas figuras de lo divino social. En esa relación se gesta un interés tan irracional como emocional que busca saber más de ese ídolo, de su vida privada, de sus gustos y pensamientos. Una dimensión que la publicidad no tardó en reconocer y capitalizar.

Durante el siglo XX se trabajó de manera minuciosa la influencia en la toma de decisiones comerciales o electorales ligada a la opinión de sujetos famosos mediante la publicidad y la propaganda. La primera, asociando el *star system* de la época con los más variados productos. Un procedimiento que Raúl Eguizábal Maza (2005) describe: "En los años cincuenta (y buena parte de los sesenta) (...) los anuncios consistían en retratos (admirables por otro lado) en la línea del retrato *glamour*, con una imagen del producto 'pegada' a la de la modelo". Allí las cualidades de ese producto se mimetizan con el sujeto por lo que algunas marcas convocan a exitosas figuras del mundo artístico y deportivo para protagonizar sus campañas publicitarias. Hacia los setenta este procedimiento en revistas y afiches callejeros evidencia que la imagen ocupa todo el espacio y deja un lugar marginal al texto escrito.

Por su parte, las lógicas de la propaganda se despliegan bajo una apelación directa asentada ya no en el *star system*, sino en los propios rostros codificados de los políticos candidatos, también en cierto modo, figuras reconocidas en los medios que protagonizan el afiche, el *jingle* y el *spot*. Roland Barthes (1999) habla de esta construcción del candidato que mira hacia el horizonte y establece un nexo personal entre él y sus electores en el que "en la medida en que la fotografía es elipsis del lenguaje y condensación de un 'inefable' social, constituye un arma antiintelectual, tiende a escamotear la 'política' (es decir un cuerpo de problemas y soluciones) en provecho de una 'manera de ser', de una situación sociomoral". Un paso más adelante, en las redes sociales esta dimensión de los candidatos se potenciará cuando se configuren como narrativa al mostrar a su familia, sus mascotas, su tiempo libre y sus *hobbies*.

Con la consagración de la televisión a mitad de los sesenta, Marshall McLuhan postuló la existencia de una aldea global desde donde Andy Warhol aventuraba que "en el futuro, todos serán famosos mundialmente por quince minutos". El tiempo le dio parte de la razón no solamente con el *star system* que se lo tenía ganado como un conjunto de figuras de los medios, sino también cuando a finales de los noventa y principios de los 2000 los ignotos comenzaron a tomar protagonismo en programas de entretenimiento, *talk shows* y *realities*. Espacios donde se construían personajes conocidos en poco tiempo por un alto número de audiencias que los trataban por el nombre de pila como a familiares o a ídolos. Los medios tradicionales, la televisión más que cualquier otro, supo construir figuras que marcaban tendencia en sus dichos y usos de la moda, de quienes pocas veces se podía definir cuál era su rol artístico o periodístico, pero que al producir consecuencias reales eran tan reales como cualquier otro. En medio de los talentosos artistas, los destacados deportistas y las figuras mediáticas se constituyó un lugar para los modelos publicitarios, estos personajes anodinos, apáticos, que no tenían clubes de fans en las épocas de clubes de fans, pero que significaban un rol esencial de la industria cultural y que, por lo tanto, merecen una mirada aparte.

De ídolos mediáticos a modelos

Hay una escena en la primera temporada de *Mad Men* que es muy elocuente. El personaje protagónico, Don Draper, un publicista neoyorkino de los sesenta, presenta a los enviados de Kodak la idea de campaña que les diseñó. El producto a publicitar es el Carrousel, un proyector para ver fotografías que no es la tecnología más moderna de su época. Draper se asienta en dos palabras: nuevo y nostalgia, y desde allí comienza a pasar diapositivas con fotografías de momentos memorables de una vida. La luz apagada, las imágenes en la pared, de fondo su relato candente habla de nostalgia, dolor y recuerdo. Desde allí, propone pensar el aparato como una máquina del tiempo que nos lleva otra vez a esos momentos y evidencia, así, que allí radica su potencia, más que como una cosa nueva. Draper busca un concepto sentimental detrás del objeto, lo que llega a emocionar a uno de sus compañeros, enorgullecer a su jefe y sorprender a sus clientes.

Mad Men en general, y esta escena como ejemplo, logra mostrar una percepción sensorial de época, pero también evidencia un estadio comunicacional donde la publicidad se complejiza, cuando ya no basta con un objeto cerca del rostro de un modelo para generar ansias de poseerlo. La industria publicitaria comprende temprano en el siglo XX que el circuito de la emisión, medio y recepción, resulta insuficiente para garantizar la efectividad de un mensaje. Advierte que a esa altura del desarrollo mediático las audiencias están alfabetizadas en los formatos noticiosos y de ficción, que piensan y sienten los contenidos para actuar en consecuencia aun en el banal terreno del consumo. Una marca de insumos fotográficos, un banco o una fábrica de cigarrillos apelan al sentimiento y a conceptos alrededor de sus productos para emparentar esos objetos con experiencias.

La simpatía con líderes de opinión que con mirada a cámara bajan línea sobre dimensiones ideológicas manifiestas asentados en fórmulas de sentido común no dejará de ser un sentimiento buscado desde los medios masivos. Sin embargo, la apuesta tiene lugar en incluir los sentimientos en el consumo mediante sutiles narraciones y modelos. La publicidad se vuelve relato en revistas, radio y televisión, en afiches callejeros serializados que cuentan historias en enormes ploteos y que hay que ser sagaces para descubrir en una esquina cuál es la marca que los desarrolla. El concepto le gana espacio a la marca porque con la sola asociación alcanza. Coca-Cola es felicidad, Quilmes es encuentro y amistad, Nike es animarse a hacerlo.

Algo así como si el producto estuviera ahí por casualidad, aunque por metáfora ocupa todo el espacio del concepto. Es el producto el que posibilita que quien lo consuma se vuelva un sujeto feliz, osado, interesante y, en definitiva, deseable. Porque hasta donde sabemos, una gaseosa quita la sed, una cerveza embriaga, una ropa viste. Pero esa evidencia ya no alcanza para desearlos. Muchas veces la metáfora deviene en personificación cuando el producto se mimetiza con el referente modelo que lo lleva consigo, lo usa, lo consume, lo recomienda. Estos modelos con rostros esculpidos son los únicos que osan robarles protagonismo a los rostros del cine, también industriales y reiterados, pero bajo el aura de contar historias conmovedoras. La simple palabra "modelo" dice mucho de su lugar en la industria cultural: proponer signos y formas discursivas que incorporamos para señalar el deber ser de la inconsciencia de clase: ser *fashion*, tener *charm*, cambiar el *look*, estar bajo el último grito de la moda. Se trata de proletarios, como la mayoría en el capitalismo, que trabajan como rostro motor del consumo. Esos sujetos inalcanzables que visten lo que todos deberíamos vestir, que van a los lugares que hay que ir y viajan en los automóviles que habría que tener, se configuran por esto en la celebración viviente del capitalismo. Los modelos publicitarios y de pasarela de los ochenta y noventa marcaron tendencias y sus rostros decían cómo era ser bello en ese momento histórico. De allí que copiarlos era la tarea deóntica para ganar en actualización, en pertenencia y aceptación en determinados círculos. Al mismo tiempo estamos aceptando las reglas del juego y ciertas gramáticas de la publicidad –en definitiva del mercado– para casi todas las lógicas de la vida social: la educación, el mundo laboral y la política. Estudios de opinión, nivel de conocimiento, imagen positiva y estratificación etaria bajo rótulos como *millennials*. Algo así como saber qué hay que decir para decirlo y no solo buscar agradar a todos, sino más bien no desagradar a nadie.

De modelos a *influencers*

En un momento histórico en el que las redes sociales ostentan un uso masivo, los famosos nativos de estos medios participan de sus lógicas más incorporadas que en los medios tradicionales. *Youtubers, facebookeros, twitteros, streamers* e *instagramers* devienen en *influencers* cuando logran capitalizar su capacidad de llegada a sus seguidores con sus estilos de vida. Los sujetos se transforman en objetos y en la propia mercancía sin solución de continuidad. Esta celebración no reposa solamente sobre la fama, sino sobre el consumo. De este modo, tanto grandes figuras de los medios tradicionales, como un *star system* nativo, publicitan su intimidad y generan, así, una narrativa de sí mismos. Además de hacer humor, cocinar y recomendar películas, por ejemplo, su familia, su hogar y su tiempo libre son publicados en redes personales que devienen en terreno fértil para que las empresas introduzcan sus productos como un elemento más de esas diégesis. Centros de estética, indumentaria, restaurantes y diversos productos de uso cotidiano son bienvenidos en este juego en el que los famosos recomiendan su uso porque ellos mismos los usan. No como en la publicidad callejera, de revista o televisiva, donde rige la pose, el esteticismo y la fotogenia, sino en un estilo de las redes en el que impera el casual aquí y ahora de la banalidad.

Estos procedimientos están protagonizados por un mercado muchas veces informal que se denomina canje. Productos y servicios a cambio de la aparición en perfiles y en historias, toda una sofisticación de nuevos modelos de negocios que tienen estructurada una tarifa para cada tipo de mención. En otros casos, media el contrato de publicidad a la vieja usanza. En todas las modalidades, el capital es la cantidad de seguidores, lo genuino de la relación con estos y que los valores de la empresa se emparenten con la narrativa de la figura en cuestión. Cuando el éxito televisivo se coteja mediante el *rating*, las redes sociales miden su popularidad en seguidores y en la frecuencia de la relación con estos: interpelación y respuesta a las dinámicas propuestas. Allí existe para el campo del marketing una tipología de *influencer* que va desde micro o nano *influencers* (quienes tienen menos de diez mil seguidores) a *influencer* o macro *influencer* (con más de cien mil). Para esto, el *influencer* tiene como carta de presentación sus métricas que expresan datos sobre el corte etario de sus seguidores, de qué lugar geográfico son y a qué hora conectan asiduamente. Las encuestas, reacciones, concursos y sorteos forman parte de la dinámica, porque los *influencers* miden también su efectividad en el *engagement*, un término del marketing que focaliza en la retroalimentación y compromiso entre marcas y usuarios.

Tales como Cumbio en Fotolog o Coscu en Twitch, existen en Instagram *influencers* argentinos con propuestas innovadoras y creativas. Además de quienes no sabemos a qué se dedican y solo muestran imagen y vida privada, otros *influencers* despliegan facetas artísticas con mucha conciencia de los nuevos medios. Hay quienes hacen humor como @maringarabal, que además de tener intensa participación en redes es un realizador integral de series web, dibujante y conductor de radio; @magalitajes, que combina el *stand up* con la escritura y la psicología y @teloresumo, que reedita videos de películas y series con su personal toque de humor. Están también los realizadores de tutoriales, como quienes hablan de gastronomía al estilo @paulinacocina y @ramitagram y quienes combinan arte y activismo como @coisla, por mencionar solo algunos casos. Entre ellos oficia una camaradería basada en la colaboración, una dimensión *partner* que ya formaba parte en la rutina productiva de los *youtubers* cuando no compiten con quien produce contenidos similares, como en televisión, sino que lo recomiendan y realizan videos en conjunto para darse a conocer a sus seguidores y sumarlos. Por otra parte, también hay ¡niños *influencers*! a quienes sus padres los posicionaron en las redes ¡incluso antes de nacer!, como reconversión y prolongación de su propia fama. Los casos más conocidos en el país son los de @mirko_ok –hijo del conductor televisivo @marley_ok– y @lovingmatilda –hija de la actriz @salazarluli–.

Los *influencers* pueden construirse como tales mediante la fórmula de una insistente producción de contenido, cuando no a dimensiones artísticas, ligada a la belleza, la ternura y la felicidad. Cada medio construye sus propias celebridades y las de las redes parecen estar llamadas a correr el umbral de lo decible, un terreno que premia con retroalimentación a la continuación de la fama televisiva y tiene reservado sus mejores lugares para quienes se dediquen a la innovación sin límite. De este recorrido, podemos afirmar que los *influencers* no serían la producción más original de los medios de comunicación, pero constituyen una receta que puede ser copiada.

De *influencers* a sujetos de diseño

El ejemplo más claro de los *influencers* para armar viene de la mano de Brud, una empresa estadounidense creadora de historias. @lilmiquela, @blawko22 y @bermudaisbae son sus tres sujetos de diseño siempre en la cima de la moda y que pronto lograron el tilde celeste de verificación y cientos de miles de seguidores en Instagram (@lilmiquela supera el millón y medio). Se los puede ver realizar actividades glamorosas, posar con automóviles caros y en las ciudades más turísticas del mundo, al tiempo que visten de Prada, Diesel y Alexander McQueen. Quienes sigan a los tres podrá, a la vez, entrelazar una historia que los conecte en cada uno de sus perfiles. Es que @brud.fyi se presenta como "un estudio transmedia creador de personajes digitales que desarrollan narrativas en un mundo de historias" (*"a transmedia studio that creates digital character-driven story worlds"*) y allí parece dar en la tecla con los modos de vender en la contemporaneidad. Con audiencias que maratonean, *spoilean*, filtran contenidos, *stalkean* perfiles y elucubran teorías, la narrativa es prácticamente un modo de relacionarse con los demás. Se trata, entonces, de actantes más que de personas, roles estipulados en el universo narrativo y que se ocupan con facilidad ya sea por un ser humano, un concepto o un robot. Además, apuntan como audiencias a juventudes que se alfabetizaron en el uso de videojuegos y realidad virtual, en los que supieron elevar a ídolos a personajes de ficción animados. Desde allí, Brud construye desde la belleza y el reconocimiento de los formatos de las redes, puntualmente en Instagram, pero con los ojos puestos en la ficción convertida en acontecimiento mediático.

Lo que no puede crear Brud es un éxito artístico, ni talento, ni emoción en las *performances*. Crea modelos que participan de los estereotipos de belleza imperantes en su época y en los modos de circulación de estas nuevas deidades efímeras. Allí, unos robots de diseño pueden ocupar el lugar de figuras que, como las estrellas de Hollywood, nunca se conocerán en persona, pero que solo venden estilo y narrativa, más que humanidad, militancia y sentimiento. Aunque sabemos que los actores de Hollywood son reales y puede interesarnos de ellos su historia de vida y las ideas que defienden, en las redes se busca de ellos su vida privada, sus consumos culturales, sus formas de ser ricos, bellos y *cool*. Cuando se crean personajes ficticios con las mismas características, como los *influencers* de diseño, en ese escenario daría igual si existen o no porque consumimos de ellos cierto *glamour* de sus prácticas.

Finalmente, por definición, el mercado cultural está hecho de productos. No repele el talento, pero siempre alberga un espacio donde no lo necesita. Hasta acá la definición de *influencer* parece diferenciarse del líder de opinión del periodismo en los medios tradicionales y del *star system* de los rostros esculpidos del cine, la televisión y la publicidad. Las marcas los buscan como sus cartas de presentación, pero los seguidores mayormente los espían como *voyeurs* a exhibicionistas y no siempre esta relación redunda en persuasión.

Referencias

Arredondo, A. (17 de julio de 2019). El fenómeno Miquela: las modelos virtuales ganan terreno. *Página 12*. Recuperado de https://www.pagina12.com.ar/206598-el-fenomeno-miquela-las-modelos-virtuales-ganan-terreno

Barthes, R. (1999). Fotogenia electoral. En *Mitologías*. Madrid: Siglo XXI.

Eguizábal Maza, R. (2005). La fotografía publicitaria. En López Lita, R.; Marzal Felici, J. y Gómez Tarín, F. J. (edits.), *El análisis de la imagen fotográfica*. Castellón de la Plana: Universitat Jaume.

Iñigo, A. (07 de octubre de 2020). Esta chica que ves no existe, pero la siguen millones. *Vía País*. Recuperado de https://viapais.com.ar/rumbos/2042171-esta-chica-que-ves-no-existe-pero-la-siguen-millones/

Lazarsfeld, P. F. y Merton, R. K. (1977). Comunicación de masas, gusto popular y acción social organizada. En Muraro, H. (comps.), *La comunicación de masas*. Buenos Aires: Centro Editor de América Latina.

McLuhan, M. (2009). *Comprender los medios de comunicación*. Buenos Aires: Paidós.

Sinay, J. (21 de febrero de 2020). Influencers virtuales: cómo cautivan cada vez a más seguidores con sus vidas sintéticas. *Redacción*. Recuperado de https://www.redaccion.com.ar/influencers-virtuales-como-cautivan-cada-vez-a-mas-seguidores-con-sus-vidas-sinteticas/

"Es un llamado de emergencia, *baby*": reflexiones sobre el placer y la culpa en el consumo musical del tercer milenio

Por Ignacio Del Pizzo

"El sentido obtuso no puede describirse porque, frente al sentido obvio, no está copiando nada: ¿cómo describir lo que no representa nada?"

Roland Barthes

Abriendo la pista, el pogo, la ronda

Estamos en condiciones de augurar, sin temor a sostener una mirada demasiado benevolente, que la tercera década del tercer milenio tendrá prácticamente zanjada al menos una de las tantas discusiones poco conducentes en torno a la música popular: la incompatibilidad de convivencia entre géneros. No hay que remontarse mucho en el tiempo para recordar que, al menos en los centros urbanos de Argentina, era prácticamente imposible que se crucen integrantes de públicos de géneros diversos sin que esto redundara en escenas de violencia de distintos tipos: verbal, primero; y física, poco más tarde.

Era común que los festivales masivos tuviesen días temáticos: todas las bandas punk agrupadas durante una jornada, las de reggae otra, las de rock and roll durante la tercera y así sucesiva y ridículamente. Podríamos suponer que se trataba de una suerte de segmentación de audiencias, pero la explicación es aún más sencilla y brutal: los numerosos y gravísimos episodios de violencia que se sucedían sin que se encontrase solución alguna. Una suerte de "futbolización" de los fanáticos de algunas bandas que, como los llamados barrabravas o hinchas caracterizados, funcionaban como grupos de choque en defensa de ciertos valores simbólicos.

Este sistema de representación del "aguante", en el marco de complicidades con el Estado y el sector privado, tuvo su punto más dramático el 30 de diciembre de 2004 durante un recital de Callejeros, cuando se produjo la tragedia en República Cromañón, establecimiento ubicado en Once, en el barrio porteño de Balvanera, con un saldo de ciento noventa y cuatro muertos. Es menester sumar a esta cifra los heridos, las víctimas con secuelas psicológicas, los familiares de los fallecidos y los sucesivos suicidios de jóvenes que, hasta el momento de quitarse la vida, se los consideraba sobrevivientes. Una expresión de la cultura popular terminó convirtiéndose en una de las peores tragedias de Argentina. Los diciembres de 2001 y 2004 inauguraron horrorosamente la década, el siglo y el milenio del 2000 en nuestro país.

Pasaron los años y mientras los familiares y amigos de los muertos siguen exigiendo justicia, los desmanes en los conciertos pasaron a ser la excepción y dejaron de ser la regla (lo que no quita que se hayan producido otros hechos aberrantes, tales como la tragedia de Time Warp en 2016 que dejó un saldo de cinco muertos y varios hospitalizados de gravedad). Así como asistir a un concierto en Argentina está dejando de representar, progresivamente, una potencial actividad de riesgo extremo, la convivencia entre audiencias de diversos géneros está creciendo a la par.

Cantos como:

Inserte aquí cualquier nombre de artista fallecido o banda disuelta
no se murió
repita artista o banda no se murió
que se muera *inserte ahora algún artista vivo o grupo en actividad*
la puta madre que lo parió

o

Baila la hinchada baila
baila de corazón
somos los negros, somos los grasas
pero conchetos no

dejaron de escucharse entre las multitudes antes, durante o después de los recitales. Esta suerte de convivencia algo más respetuosa ya estaba desarrollada a mediados de la década del diez y sobre el final de la misma y, desde el comienzo de la del veinte, la tolerancia se transformó en genuina reciprocidad arriba y abajo de los escenarios en la mayoría de los casos.

En las páginas que siguen intentaremos esbozar algunas líneas alrededor de este fenómeno que, consideramos, ha sido uno de los síntomas más saludables de la cultura pop local de las últimas décadas. Proponemos repensar el placer y la culpa en la escucha contemporánea de música, entendiendo al concepto que nos nuclea en esta primera parte del libro –el tiempo– como un componente central de este proceso para detenernos, puntualmente, en cómo los nuevos usos de ciertos dispositivos tecnológicos influyen en dicho sentido.

Género, géneros y generosidad

Tenemos el privilegio de habitar una contemporaneidad en la que la palabra "género" está en un nivel de estudio inédito, atravesado por la creciente y saludable diversidad que pone en jaque las clásicas concepciones biologisistas, históricas herramientas de dominación por parte de las elites en los diversos estadios de la historia. El binarismo tradicional masculino/femenino (dicho sea de paso, siempre expresado en ese orden) es insuficiente para un número cada vez mayor de sujetos que reafirman sus identidades divergentes con posibilidades mucho más amplias que las planteadas por dicha dualidad.

Podemos aventurar que este fenómeno que tiene gran incidencia entre los jóvenes –o, mejor dicho, son ellos quienes lo protagonizan– también se vive en lo que a géneros musicales se refiere. Las juventudes son clave porque artistas nóveles son quienes más están irrumpiendo en la escena tradicional, figurativa pero también literalmente: WOS subiendo al escenario en medio de un tema de Ciro y Los Persas en el Festival Mastai 2019, Cazzu haciendo lo propio en el Cosquín Rock 2020 invitada por Los Gardelitos, y la lista sigue. Hombre y mujer jóvenes sumándose al repertorio de bandas de años de experiencia en festivales que, si bien en muchos casos se están actualizando, aún tienen la tendencia de privilegiar a los artistas que garanticen venta de entradas más allá del índice de innovación de sus propuestas artísticas o del cumplimiento con cupos de, justamente, género. También irrumpen en escenarios aún más reservados, como por ejemplo Ca7riel y Paco Amoroso como parte del homenaje sinfónico a Gustavo Cerati +Situaciones Orquestales en 2019.

¿Es esto un fenómeno nuevo? No necesariamente, pero sí empieza a ser cada vez menos una excepción para convertirse en una tendencia generalizada. Por otra parte, la generosidad, camaradería, colaboraciones y reciprocidad artística entre músicos solía atribuírsele al *underground*, ahora, esas actitudes plasmadas en actos crecen exponencialmente en el *mainstream*. La escena de la música popular argentina está dejando de ser una colección de bloques monolíticos irreconciliables en la que parece necesaria la aparición de alguna persona en particular que nos haga recordar que eso es una farsa. Cuando los géneros musicales se oponían y las identidades sexogenéricas conformaban ideas estancas de masculinidad o feminidad, solo podíamos apelar a la irrupción de vanguardistas como Ricky Espinosa, quien ponía el cuerpo frente a la mirada inquisidora de las grandes mayorías y daba la discusión al usar un día una remera de Almafuerte, luego una de The Rolling Stones y al siguiente posar con una tercera que rezaba: "Soy alcohólico, soy drogadicto, soy bisexual, soy un genio", parafraseando a Truman Capote. Quizá, por qué no pensarlo de esta manera, las expresiones cada vez más comunes de mixturas entre género(s) son flores creciendo de las semillas plantadas por artistas como Ricky, regadas por el vínculo entre militantes por ampliación de derechos y diversos referentes de la cultura alternativa, relaciones hermosas e inmortalizadas mediante actos concretos, como lo hacía Lohana Berkins mientras se subía a la patineta de Boom Boom Kid.

"Por mi culpa, por mi culpa, por mi gran culpa"

La aplicación de dogmas, la celebración de rituales y la implementación de prácticas culturales herederas de la tradición cristiana nos han moldeado como culpógenos en exceso. Si nos apegamos a sus textos sagrados, hace más de 2020 años Dios envió a su único hijo para "quitar el pecado del mundo". María fue "sin pecado concebida" y desde entonces le rezamos "ruega por nosotros, pecadores, ahora y en la hora de nuestra muerte" ¿Qué hicimos como humanidad con "el bendito fruto de su vientre", tan solo treinta y tres años después? Lo acusamos falsamente, lo condenamos a un vía crucis, le colocamos una corona de espinas, lo crucificamos, le clavamos una lanza en el costado y lo dejamos morir a la intemperie.

Como mínimo, debemos sentir culpa. De lo que hacemos y dejamos de hacer, de nuestros cuerpos, ideologías, creencias, y muy especialmente, de nuestros gustos. Hacemos hincapié en esto porque, sabemos, el gusto es inapelable: para demostrar nuestras creencias buscamos explicaciones que exceden a la razón; cuando justificamos nuestras ideologías las contraponemos a otras y suponemos arribar a conclusiones más o menos lógicas. Ahora bien, ¿qué solemos responder cuando nos preguntan por qué nos gusta lo que nos gusta? "Porque sí". Es una tautología que se explica por sí misma: me gusta porque me gusta.

Más allá de las múltiples causas sociales, económicas, geográficas e históricas –entre otras– que van moldeando nuestros gustos, estos siguen siendo el resultado de, en mayor o menor medida, un espacio de libre albedrío. En un contexto determinado, está claro, pero de elección consciente que, asimismo, no suele prestar demasiada atención a dichos condicionantes. Si bien podemos lanzarnos en la búsqueda de consumos novedosos, el gusto reafirma lo ya conocido y puede tentarnos a habitar continuamente un espacio de confort cultural que nos genere una sensación de satisfacción por nuestros consumos y de seguridad en relación a cómo es percibido por los demás.

Pero ¿qué sucede cuando reconocemos que esos gustos "no deberían" gustarnos? Antes que eso: ¿cómo llegamos a aceptar la posibilidad de que no deberíamos sentirnos atraídos por alguna producción cultural determinada? Consideramos que es momento de comenzar a reflexionar acerca de la idea de placeres culposos o, como veremos más adelante, la presencia omnipresente de una definición quizá más adecuada: vigilantes del gusto ajeno.

Los no lugares de la escucha

La segunda parte de este libro versará sobre cuestiones vinculadas con la idea del espacio, pero aquí nos vemos en la necesidad de aventurarnos en un breve adelanto. En el camino desde la culpa (subtítulo anterior) al placer culposo (subtítulo siguiente), nos vamos a detener en un factor clave para entender este pasaje. Hasta hace no mucho tiempo, cuando visitábamos la casa de alguien que no conocíamos en profundidad, con una rápida mirada a los estantes de su *living* podíamos saber casi con exactitud qué música escuchaba. Allí se exponían los formatos físicos que contenían las grabaciones de sus artistas favoritos: vinilos, casetes, discos compactos, etc.

La creciente penetración de la digitalización en muchos aspectos de la vida cotidiana no dejó afuera al consumo de música, sino más bien todo lo contrario: se trata de una de las actividades masivas que más rápido se digitalizó, primero mediante la piratería y luego con *software* legal de compra y venta de música, descarga y, posteriormente, *streaming*. En la actualidad, por más que les pese a los puristas, podemos ser melómanos sin ocupar un centímetro de nuestros anaqueles. Este escenario muestra una nueva posibilidad: borrando un historial de búsqueda ya no queda registro de la música que escuchamos segundos antes. La inmediatez del acceso también puede ampliarse hacia una experiencia de presente constante, sin pasado aparente y, por ende, con un futuro enigmático.

Al no ocupar espacio, no hay huellas. Si se quiere escuchar alguna producción musical pero no se desea que este acto trascienda la intimidad, ya no es necesario esconder con vergüenza algún disco en un recoveco secreto de la casa. A esto se suma un consumo cada vez más individual, en el que reunirse con amigos a disfrutar entre todos un nuevo CD dio paso a poder escuchar con el volumen al máximo sin que la persona que está al lado tenga noción de lo que estamos oyendo en ese preciso momento: los auriculares son el accesorio que representa un maridaje ideal para la pantalla vertical –e individual– de los celulares, herederos de la práctica social en torno al *walkman* durante la década del ochenta. Paradójicamente, al menos en lo que a música se refiere, la digitalización tantas veces denostada por apocalípticos deterministas tecnológicos se convierte en una herramienta plausible de contribuir a la protección de cierta información.

Ahora bien, ¿qué queda del consumo de la música en vivo? Ya lo dijimos: los festivales masivos dejaron de ser temáticos y sus grillas son cada vez más variadas. Si bien algunos críticos podrían indicar que se terminarán convirtiendo en no lugares, aquí los reconocemos como experiencias enriquecedoras en pos del fortalecimiento de la convivencia fluida de audiencias diversas.

Placeres ¿culposos?

Ya estamos en condiciones de analizar los llamados "placeres culposos" con mayor profundidad. Hay muchas aristas a partir de las cuales abordarlos: separación de obras y artistas, muerte del autor, consumos irónicos, lo bizarro como campo en sí mismo, la presencia de estéticas *kitsch* y *camp* en la música, etc.

Sabemos que el placer es, en su definición más popular, una sensación agradable producida por algo. Respecto a la culpa, por su parte, podemos coincidir que se trata de un sentimiento negativo que avergüenza y tiene el potencial de motivar al arrepentimiento por haber hecho algo considerado como erróneo. Pensemos en placeres de la vida cotidiana: comer, dormir, tener sexo. Ahora, en situaciones que nos generan culpa: comer, dormir, tener sexo. Claro: si ingerimos alimentos que no se consideran sanos y, más aún, si nuestros cuerpos no responden al canon de belleza hegemónico, nos sentimos culpables por haber comido. Si dormimos más de lo que duerme la mayoría, sentimos culpa por "perder el tiempo" (sí, otra vez el omnipresente tiempo). Si tenemos sexo por fuera de relaciones monogámicas, sentimos culpa. Comer, dormir, tener sexo. Placer, placer, placer. Culpa, culpa, culpa.

Estas *epizeuxis* son útiles para advertir que el mismo proceso se repite con el consumo musical. A partir de la popularización de internet tenemos al alcance de un clic la posibilidad de escuchar música registrada desde el mismo momento que la técnica permitió grabar, y creada en cualquier lugar del planeta. Podemos, para enaltecer nuestros espíritus, escuchar interpretaciones de obras de música clásica compuesta entre los siglos XVI y XVII por los europeos Johann Sebastian Bach, Wolfgang Amadeus Mozart o Ludwing van Beethoven, o bien acercarnos en el tiempo y detenernos en el siglo XIX para deleitarnos con maravillas del jazz gestadas por los estadounidenses Miles Davis, John Coltrane o Charles Mingus. Hasta aquí, no hay conflicto, solo posibilidad. El problema emerge cuando, en vez de reproducir obras de tal legitimación, optamos por *Samantha* de Machito Ponce, *1, 2, 3* de El Símbolo o *Salta* de King Africa.

Esto puede parecer banal, pero es absolutamente pertinente para el tema que nos convoca, a pesar de que la discusión entre arte culto frente arte popular, que es evidente en la música, nos resulte vetusta. Frente a un nuevo género musical que gana adeptos en cualquier momento histórico la crítica supuestamente especializada la nomenclatura como popular, con una carga peyorativa. Esto suele sostenerse hasta el momento en que algún exponente dentro de dicho género comienza a ser legitimado y, consecutiva y progresivamente, esta suerte de aceptación de la opinión generalizada se amplía respecto al género al cual adscribe dicho emergente. En nuestro país sobran ejemplos tales como Carlos Gardel y Astor Piazzola en el tango, Mercedes Sosa y Cacho Tirao en el folclore, Estela Raval y Sandro en el melódico romántico, Luis Alberto Spinetta y Charly García en el rock, o Gilda y Pablo Lescano en la cumbia... pero no son estos casos emblemáticos en los que nos vamos a detener. Nos referimos a aquellos consumos musicales de los cuales no podemos acordarnos sin que se nos escape una sonrisa, que los vinculamos con una humorada, pero que, sin embargo, pasan los años y seguimos escuchándolos. Claro que hay espacios y momentos en los cuales el orden se subvierte, al modo de la tradición carnavalesca, y esas excepciones son la norma: en alguna fiesta temática, durante algún evento social o en un boliche. Allí, nuevamente, nos quitamos el peso de la problemática. Lo realmente interesante es cuando nos damos cuenta que estamos escuchando música "que no debería gustarnos" o, al menos, no se emparenta con la que consumimos habitualmente y, dato no menor, de forma pública.

Así como la masiva apropiación de las redes sociales incluyeron la dimensión de lo íntimo al análisis de lo público y lo privado, los no lugares de la escucha a los que nos referíamos con anterioridad hacen lo propio con la concepción de los placeres culposos. Porque era muy improbable que algún estudioso de la música, o al menos, algún consumidor con amplio bagaje en la materia se hubiera comprado formatos físicos de producciones asociadas a lo bizarro, al entretenimiento vacío de contenido o a la mera distracción. Esto podía ser el resultado de múltiples factores, desde priorizar el desinterés que sentía por dichas expresiones durante la mayor parte del tiempo o decidir en qué discos invertía el dinero, hasta una suerte de autocensura purista.

En la actualidad, asistimos a un cambio rotundo al respecto: parece que un *play* en alguna plataforma de *streaming* no se le niega a nadie. Esto no representa únicamente reproducir una canción, sino que es el puntapié inicial de un camino de reafirmación de gustos caprichosos, basados en el placer por el placer mismo –efímero seguramente– y la incipiente construcción de una idea que se atreva a poner en duda la categorización que hacemos de absolutamente todo. Al problematizar este fenómeno quizá estemos en condiciones de entender que no deberíamos ni siquiera detenernos en intentar resolver alguna inconsistencia en relación a lo que llamamos placeres culposos, sino más bien en detectar –y posteriormente, combatir– a los que podríamos llamar como "vigilantes del gusto ajeno" que denostan, estereotipan y discriminan.

"Ayer deseo, hoy realidad"

¿Titulamos este capítulo citando a Daddy Yankee y sus conclusiones a Hermética, con todo lo que eso significa? Titulamos este capítulo con una cita de Daddy Yankee y sus conclusiones sobre Hermética, con todo lo que eso significa. Porque si de resignificaciones se trata, es menester contemplarlas en su máxima complejidad y revisitar el himno de una de las bandas que más ha izado la bandera de división entre géneros.

En el colegio tuve un compañero rollinga –varios, pero solo en uno me quiero detener–. Durante las vacaciones de verano de 2006 asistió a uno de los conciertos que The Rolling Stones brindó en Argentina en el marco de la gira *A Bigger Bang*. En menos de un mes, cuando comenzamos las clases, nos percatamos de que ese chico que había terminado el ciclo lectivo anterior, que lucía orgulloso un flequillo recto, enfundado en un gran pañuelo y que emulaba a Mick Jagger en cada recreo, y que además había cumplido su sueño de ver en vivo a su grupo favorito, se había convertido en metalero. Su cambio fue tan profundo, que hasta escribió en la tapa de su carpeta, para que todos lo viéramos:

Yo que nunca compartí tu pose *stone*
voy a deschavarte el juego
sos veleta de la moda y no me asombra
que mañana amanezcas metalero.

Éramos jóvenes que empezábamos a consumir música de forma autónoma e internet todavía era la novedad sobre la que informaban los noticieros del horario central en la TV. Pero mi compañero sintió no solo que debía personificar una migración de consumos, estética y hasta ideología, sino también concretar un exorcismo de su propio pasado para poder bautizarse en ese presente de tachas, cuero y borcegos. Era un chico que eligió, o se vio en la obligación de vivenciar y –muy importante– comunicar ese cambio rotundo.

Si bien esta anécdota no se refiere específicamente a lo que venimos desarrollando en este capítulo, ejemplifica la tríada integrada por los gustos musicales, la comunicación pública de uno mismo y el ocultamiento de experiencias que son o fueron placenteras. Muchos de los varones que fuimos niños en los noventa escapábamos cuando nuestras hermanas, primas o amigas escuchaban la catarata de *girl bands* y *boy bands* de la época, con la que reproducían, a su vez, el estereotipo en torno a que las mujeres son fanáticas de artistas y los hombres, no (espacio que quedaba para la idolatría hacia algún deportista). Esos niños hemos crecido mientras esa huida era fortalecida por el discurso hegemónico que nos enseñaba que nuestros lugares debían ser los tablones y los pogos, y amenazar, así, de muerte al que estuviera en la tribuna de enfrente, además de habitar un espacio solo apto para los más fuertes. Hoy, veinte años después, al escuchar el primer acorde de *Wannabe* de Spice Girls o *Everybody* de Backstreet Boys en alguna fiesta, si salimos corriendo, es felizmente hacia la pista para bailarlos.

Y nos interpelan tanto que cuando volvemos a nuestras casas –o en el camino, porque nos gustaron demasiado–, los volvemos a escuchar. Y es ahí, en ese preciso momento, atravesados por el placer que mencionamos en este capítulo y la nostalgia a la que nos referimos en los anteriores, que tenemos el desafío de reconocer que la espera valió la pena, que somos contemporáneos a una época de ebullición de contenidos con muchos menos estereotipos y que, además, tenemos la oportunidad de redescubrir el vínculo que tuvimos con ciertas producciones que, de alguna u otra forma, nos han sido vedadas. Es tiempo de amigarnos con nosotros mismos, con nuestros gustos más básicos y con la mirada ajena: el futuro llegó hace –poco– rato... y, finalmente, lo comenzamos a habitar.

Referencias

Álvarez, P. y Lot Calabró, L. (2015). *Sucio y desprolijo. El heavy metal en Argentina.* Ají Films. Recuperado de https://www.youtube.com/watch?v=Nk1eenitRGw

Augé, M. (1998). *Los no lugares, espacios del anonimato: una antropología de la sobremodernidad.* Barcelona: Gedisa.

Barthes, R. (1986). El tercer sentido. En *Lo obvio y lo obtuso. Imágenes, gestos, voces.* Buenos Aires: Siglo XXI.

Becker, H. (2014). *Outsiders: hacia una sociología de la desviación.* Buenos Aires: Siglo XXI.

Boom Boom Kid (2011). *Mi pequeña colección de funzines.* Chappanoland: Ugly Records.

Bourdieu, P. (2014). *El sentido social del gusto. Elementos para una sociología de la cultura.* Buenos Aires: Siglo XXI.

Castoriadis, C. (1987). Transformación social y creación cultural. *Revista Letra Internacional.* Madrid.

Cambiasso, N. y Grieco y Bavio, A. (1999) *Días felices. Los usos del orden: de la Escuela de Chicago al Funcionalismo.* Buenos Aires: Eudeba.

Chaves Stillger, C. (2020). *WOS: de Caravana.* Red Bull Media House. Recuperado de https://www.redbull.com/ar-es/videos/wos-la-caravana

Del Pizzo, I. (2020). Wos sacude la cuarentena con un trabajo conceptual. *Tiempo Argentino.* Recuperado de https://www.tiempoar.com.ar/nota/wos-sacude-la-cuarentena-con-un-trabajo-conceptual

Damiano, I. y Venegas, J. (2020). Martín Kohan Parte I. En *Pila de Libros,* temporada 1, episodio 6. Recuperado de https://congo.fm/pila-de-libros-t01e06-martin-kohan-parte-i/

Montero, H. (2020). *El pibe de la plaza.* Lomas de Zamora: Sudestada.

Preciado, P. B. (2019). *Un apartamento en Urano. Crónicas del cruce*. Barcelona: Anagrama.

Reguillo Cruz, R. (2001). *Emergencia de culturas juveniles. Estrategias del desencanto*. Buenos Aires: Grupo Editorial Norma.

Richard, N. (2002). Género. En Altamirano, C. (dir.), *Términos críticos de sociología de la cultura*. Buenos Aires: Paidós.

Steimberg, O. (2002). Géneros. En Altamirano, C. (dir.), *Términos críticos de sociología de la cultura*. Buenos Aires, Paidós.

Thompson, D. (2018). *Creadores de hits. Cómo triunfar en la era de la distracción*. Madrid: Capitán Swing Libros.

Williams, R. (1991). La política de la vanguardia. *Revista Debats*. España, (26).

LADO B
EL ESPACIO

Teoría de la *selfie*: narrativa y usos de la fotografía digital contemporánea

Por Leonardo Murolo

> *"Living is easy with eyes closed*
> *Misunderstanding all you see*
> *It's getting hard to be someone*
> *But it all works out*
> *It doesn't matter much to me"*
>
> The Beatles

Narrativa de una expresión de época

El presente capítulo asume el desafío de proponer una teoría de la *selfie* que intente abarcar, desde una mirada comunicacional, tanto su narrativa como sus usos. Este camino lo desarrollamos a partir de insumos previos. En primer lugar, de un trabajo titulado "Del mito de Narciso a la *selfie*. Una arqueología de los cuerpos codificados" (Murolo, 2015) en el que nos preguntamos sobre el origen de la *selfie* como narrativa propia de las redes sociales virtuales y hallamos sus principales predecesores en los lenguajes del mito, el autorretrato y la fotografía analógica empleados como testimonio de uno mismo. Allí partimos de que Narciso, Rembrandt, Van Gogh, Frida Kahlo, Dorian Grey y Cindy Sherman tomaron sus rostros como referentes para objetivar –traducir y significar– sus pasiones, temores, perturbaciones, militancias y posturas ante el mundo que los albergaba.

En segundo lugar, nos asentamos en observaciones provenientes de una exploración empírica basada en entrevistas con jóvenes, en las cuales dialogamos sobre los usos de las tecnologías digitales de la comunicación en general y acerca de la construcción de la propia imagen en particular. Desde allí problematizamos el estatuto de una narrativa de fuerte presencia y actualidad en las redes sociales.

Se puede afirmar que la *selfie* participa de un régimen semiológico específico. Se trata de una fotografía auto-tomada "a un brazo de distancia" (Saltz, 2014) que en general se recorta desde una angulación contrapicada y que se construye en el marco del primer plano. Los jóvenes comenzaron con la práctica ante espejos, ensayando señas y besando a la cámara, para expresar, así, formas de sensualidad y de exacerbación de la belleza. Luego, los teléfonos móviles introdujeron las cámaras frontales que permitieron poder verse para construir la toma. Ambas modalidades, por definición, pueden ser consideradas *selfies*.

Es interesante para pensar la *selfie* remitir al debate que a mediados de los años setenta protagonizaron Raymond Williams y Marshall McLuhan alrededor del estatuto de las tecnologías de la comunicación en la sociedad. Mientras McLuhan (2009) proclamaba que "el medio es el mensaje", Williams (2011) desarrollaba un constructo teórico que arremetía contra el determinismo tecnológico y la variante de la "tecnología sintomática" y postulaba interpretar a las tecnologías desde los usos y subrayar su forma cultural. Desde esta mirada cabe analizar el uso de las cámaras de los teléfonos móviles y si su aparición en el mercado tuvo que ver con satisfacer una necesidad previa, hacer existir prácticas como la *selfie* o si estas surgieron de la apropiación social y la creatividad de los jóvenes.

Asimismo, la posterior aparición y uso del *stick* trastocó, de algún modo, las posibilidades narrativas y amplió el tiro de cámara, la profundidad de campo y la angulación. Como extensión del ser humano, una convención tácita indica que no debería verse en la fotografía. No obstante, se trata de un objeto suntuario, tiene su génesis en las prácticas comunicacionales más que en los determinismos del mercado. Aunque sea este el que habitualmente capitalice la incorporación social de las manufacturas, tanto las proponga o solamente satisfaga su necesidad.

La fotografía social, que vio la construcción de su semiología desde los albores del siglo XX, asentó su práctica en la celebración de casamientos, cumpleaños, graduaciones y demás momentos exultantes de las biografías. Se trata de acontecimientos que preexisten a esa fotografía ya que los novios, el cumpleañero y el graduado lo serán se tome la fotografía o no. Por ello, la podemos postular como una fotografía del pasado que le habla al futuro, dado que su fin es dar testimonio como documento, como recuerdo y porque se traduce en objeto visible con posterioridad al momento que es tomada.

Si como decía Roland Barthes (2003) el nóumeno de la fotografía es "esto ha sido", el de la *selfie*, en cambio, es "esto es". Principalmente porque se trata de una fotografía de un acontecimiento que no preexiste en tanto hecho biográfico. Comiendo, bebiendo, caminando, pasando el rato con amigos se convierten en acontecimientos noticiables que siempre parten de un presente continuo que le habla también al presente. Mientras la fotografía social analógica se tornaba un objeto estático que pertenecía al ámbito privado y ocupaba lugares físicos como portarretratos que adornaban salas y álbumes para compartir con visitas; la *selfie* ostenta una naturaleza huidiza ya que requiere ser publicada en el mismo momento de ser tomada. El contrato de lectura de la fotografía del presente que le habla al presente se asienta, por lo tanto, en la instantaneidad.

Las dinámicas de circulación y decodificación de la *selfie* parten de sobreentender que eso que vemos en la imagen está sucediendo ahora mismo. La *selfie*, por ello, tiene dos destinos posibles: el propio y el olvidado. El propio es el posteo inmediato en redes sociales, publicación que la consagra como narrativa del lenguaje multimedia y que, como tal, apela a la interactividad de la reacción y el comentario. El destino olvidado se encuentra en las memorias de los teléfonos que esperan la eliminación o dinámicas de participación que permitan el posteo de fotografías viejas como #TBT (*ThrowbackThursday*) que en Instagram –y extendido a otras redes– es usado los jueves para expresar el deseo de volver a ese momento mediante el posteo de una fotografía generalmente de viajes.

Roger Silverstone, David Morley y Eric Hirsch (1996) propusieron definiciones para pensar el estatuto de las tecnologías en el contexto de la "economía moral de la familia". Desde allí, la apropiación se conceptualiza como el momento de adquisición de una tecnología, la objetización se refiere a otorgarle un espacio en la cotidianeidad y la incorporación subraya el momento en que los sujetos sociales asimilaron el acortamiento de espacios, tiempos y facilitaciones que otorga esa tecnología ya no contemplando su cotidianidad sin ella. La incorporación es, entonces, el estadio donde la tecnología no se pone bajo crítica. Finalmente, la conversión refiere a llevar el uso de esa tecnología al exterior del hogar y traducirlo en pertenencia, estatus social, reconocimiento.

En ese sentido, la fotografía social se puede entender como una práctica lentamente incorporada durante todo el siglo XX. Mientras que la *selfie* se incorpora mediante usos que en general nacen en las juventudes y se van reconociendo socialmente al proponer gramáticas y géneros, como tomar imágenes de comidas, viajes, recitales, juntadas con amigos, para documentar un presente continuo que se desvanece en la memoria como un momento cotidiano más.

El primer plano y el estatuto de la belleza

La fascinación –quizá inconsciente– de la *selfie* puede tener que ver con que muestra la forma que más conocemos de nuestro rostro. Tomada con la cámara frontal del teléfono móvil o con la posterior frente a espejos, nos presenta al revés de cómo nos ven los demás en la presencialidad del cara a cara. De allí que en la *selfie* nos reconozcamos, nos gustemos o no, en el rostro con el que nos acostumbramos a pensarnos a nosotros mismos y sobre el que implementamos mecanismos de embellecimiento día a día antes de salir de casa.

Existe una relación de la *selfie* con la belleza de los cuerpos codificados. Se trata, como en cada momento histórico, de bellezas tiranizadas por expresiones artísticas, producciones culturales, medios de comunicación y designios del poder. En la actualidad, además de la fuerte presencia de la publicidad, el cine y la ficción, las redes sociales son cada vez más masivas y desde allí proponen sus narrativas. En el terreno de los mensajes, intervienen tanto en la actualidad como en la construcción de consensos acerca de las características de la belleza contemporánea.

Las bellezas actuales, ligadas a formas faciales estereotipadas, encuentran en la *selfie* la recreación de un ideal de belleza con base en nuestros rostros, además de la construcción de la imagen de uno mismo y un testimonio autobiográfico de paso por la contemporaneidad. A diferencia de la fotografía analógica, que se producía en la toma y el revelado que habitualmente realizaban otros, la fotografía digital ofrece la potestad al usuario de tomar el control sobre su propia imagen. De este modo, los ojos cerrados, personas que salen a medias, objetos indeseados en el fondo, pueden ser corregidos hasta tomar la imagen ideal que alcance los índices más altos de belleza y felicidad.

La *selfie*, asimismo, supone el regreso de la audacia de los primeros planos. Reservados a las estrellas de cine y los modelos publicitarios, los ignotos históricamente vieron sus rostros en primeros planos solamente en fotografías para documentación oficial –documento nacional de identidad, registro de conducir, prontuario– necesaria para conocer cabalmente rasgos de la fisonomía de los ciudadanos. La codificación de esas fotografías varió algunas veces por desarrollos tecnológicos: del blanco y negro al color, del tres cuartos perfil a la mirada de frente, de la prohibición de la sonrisa a permitirla, de tomar una sola imagen a, en algunos casos, mostrarle la fotografía a las personas para que digan si les gusta o quieren tomar otra. Como sea, ese primer plano se trató siempre de una prueba ante la sospecha más que de una búsqueda estética. Por su parte, la *selfie* como práctica incorporada permite gestionar el primer plano y con ello reencontrarse con el protagonismo de la belleza del propio rostro. La iluminación y la angulación, la sonrisa ensayada, la mirada profunda, la compañía de otros y el fondo con objetos para añadir los sentidos de sensual, inteligente o divertido, son válidos en sus infinitas combinaciones siempre que redunde en interesante. De una veintena de fotografías se elige una y se postea en redes sociales para ser gustada por seguidores como canal de retorno a la aceptación de uno mismo. El resto de las *selfies* podrá permanecer en el teléfono un tiempo hasta que se descarten para hacer lugar a nuevas sesiones.

A modo de sobredeterminación, esta práctica de sentido con la fotografía propone nuevos esquemas de decodificación en los que los rostros –en palabras de Roland Barthes (2003)– ocupan el *punctum* central de la imagen. Ya no son protagonistas los cuerpos abrazados y los objetos como títulos, pasteles o vestidos de los graduados, cumpleañeros y novios, sino que las sonrisas o las expresiones de felicidad y placer ocupan el lugar central de la imagen. Esto implica un contrato de lectura investido de agrado, en el que la *selfie* invita a perpetuar un momento de felicidad huidizo.

Estás al día: el consumo de imágenes en Instagram

Sostiene Henry Jenkins (2010) que "la convergencia no tiene lugar mediante aparatos mediáticos, por sofisticados que estos puedan llegar a ser. La convergencia se produce en el cerebro de los consumidores individuales y mediante sus interacciones sociales con otros". De allí entendemos la práctica de la *selfie* como un producto de la convergencia cultural que involucra la telefonía móvil, las redes sociales y aplicaciones de edición, ya que "cada uno de nosotros construye su propia mitología personal a partir de fragmentos extraídos del flujo mediático y transformados en recursos mediante los cuales conferimos sentido a nuestra vida cotidiana". Es, finalmente, desde el agenciamiento y creatividad de los sujetos sociales en el que se producen las narrativas de uno mismo que se traducen en formatos y géneros mediáticos para expresarnos como sujetos históricos.

La vieja sentencia de Mijaíl M. Bajtín (2005), que dice que ningún enunciador es un primer hablante que interrumpe con su voz por vez primera el eterno silencio del universo, tiene su correlato no solamente en alocuciones interpersonales, sino también en los formatos y géneros mediáticos. De allí que los orígenes de la *selfie* pueden rastrearse en anteriores prácticas, como el mito, el autorretrato y el activismo social y político. Y aunque la fotografía de uno mismo fue posible desde los comienzos de la práctica fotográfica, el uso sistematizado tiene su base en las redes sociales de principios del siglo XXI. Fotolog, Facebook y, finalmente, Instagram se postulan como escenarios propicios para esta narrativa que navega en los perfiles y cuentas entre memes, GIFs, enlaces de canciones y noticias falsas.

En la misma propuesta estética de Instagram se desarrolla un halo antiguo que remite a las décadas de los sesenta, setenta y ochenta. En primer lugar, por pensar la práctica fotográfica en términos de "instantáneas": una tipografía en cursiva, fotografías cuadradas propias de las Polaroid, diferentes al apaisado de las medidas de la fotografía de rollo y revelado. Instagram, desde allí, propone alfabetizarse en construir una nueva mirada para ingresar a la imagen que se asienta tanto en el uso de decenas de filtros preestablecidos como las herramientas de edición: ajustar, brillo, contraste, textura, calidez, saturación, color, atenuar, luces, sombras, viñeta, desenfoque y nitidez, que permiten a los usuarios más curiosos adiestrarse en el lenguaje de la imagen y manejar infinitas formas de retoque digital para llegar al *desiderátum* de belleza.

Libros como *We Instagram* (Alonso, 2015) y *Lea este libro si quiere ser famoso en Instagram* (Carroll, 2017) no parten de una perspectiva académica, sino que apelan a una lógica de manual. Al tiempo que intentan enseñar los modos de ser *instagramer*, exploran los "géneros" propios que ya comienzan a percibirse en una red social que apareció en el universo de internet y los teléfonos móviles en octubre de 2010. Las fotografías de viajes, de comidas, los montajes, los transportes públicos, se proponen como las fotografías más vistas en la aplicación. En ese marco, las *selfies* suponen el género más habitual.

Sostiene Jesús Martín-Barbero (2017) que "el letrado y rentable mito de que 'solamente se leen libros' está impidiendo que las políticas del fomento de la lectura se hagan cargo de la multiplicidad y diversidad de escrituras a las que los ciudadanos se enfrentan cotidianamente hoy". Allí la lectura de la imagen queda muchas veces relegada del ámbito escolar y las políticas públicas. Martín-Barbero agrega: "Se trata de una verdadera perversión socio-cultural tras la que se enmascara, en primer lugar, la defensa a ultranza de la autoridad de los letrados, disminuida por el des-centramiento cultural del libro que introducen las tecnologías digitales y por el acelerado empoderamiento que las generaciones más jóvenes están haciendo de sus nuevos lenguajes".

En términos de usos, Instagram asienta su creciente éxito, primeramente, en un público juvenil que proviene de otras redes como Facebook. Este desplazamiento tiene que ver con modas, pero también con justificaciones como la huida de una red social cooptada por la generación de sus padres y la posibilidad de huir al *stalkeo* al publicar historias que duran veinticuatro horas. El vocablo inglés *stalkear* remite a otros que revisan nuestras publicaciones pasadas. Se trata de una actividad censurada socialmente, sobre todo, si quienes ingresan a nuestros perfiles en redes sociales no forman parte de nuestros contactos. En este sentido, al no dejar huella de vacaciones, festejos y momentos privados, las historias de Instagram proponen la instantaneidad del momento y la imposibilidad del *stalkeo* posterior.

Instagram agregó a su aplicación la característica de avisar a los usuarios que "están al día" cuando en pleno *scrolleo* aparece la leyenda "has visto todas las publicaciones nuevas de los últimos tres días". Se trata de la única red social virtual que premia con un mensaje la hiperconexión y fidelidad de los usuarios que se alfabetizan con el constante uso de cada nueva aplicación. En este escenario de vorágine tiene continuidad una alfabetización con la imagen proveniente de la educación como espectadores del cine, audiencias televisivas y aficionados de los videojuegos. Aprendizajes que devienen en competencias no solamente para leer la imagen fotográfica como una narrativa, sino también en poder producirla.

Para los jóvenes, la *selfie* también se emplea como elemento de seducción. Ponerse *like*, mirarse las historias, y finalmente, animarse a chatear con conocidos o amigos de amigos, a menudo redunda en relaciones virtuales recurrentes, aunque poco sistemáticas. La palabra *crush* denota un flechazo con alguien, algunos jóvenes la usan personalizada: "tengo un *crush*", "viene siendo mi *crush*", otros la usan como sustantivo: "tengo un *crush* con". Se usa en casos de personas que pasan mucho tiempo chateando y sienten atracción, aunque se vean poco o nunca. Incluso el uso puede aplicarse a un amor platónico que no sabe de nuestro flechazo.

Asimismo, en la práctica del *sexting*, entendida como "el envío de mensajes eróticos o sugerentes, de texto, imágenes o videos" (Karrera y Garmendia, 2018), las *selfies* de desnudos o de partes del cuerpo participan de dinámicas cada vez más frecuentes. Los jóvenes denominan a estas fotografías con el vocablo en inglés *nudes*.

A modo de cierre: lo público, lo privado y lo íntimo

Internet, y puntualmente las redes sociales, se establecen como escenarios donde los usos de la fotografía participan en la construcción de identidades y sentidos alrededor del yo. Se trata de una dimensión enunciada por diferentes teorías tempranas que han realizado enormes aportes como *La vida en la pantalla. La construcción de la identidad en la era de internet* de Sherry Turkle (1997), *Intimidades congeladas. Las emociones en el capitalismo* de Eva Illouz (2007) y *La intimidad como espectáculo* de Paula Sibilia (2008).

De allí es posible circunscribir nuestra reflexión ya no en el medio o la plataforma, sino en la narrativa específica de la *selfie* y lo que buscan sus formas expresivas. Asimismo, se abre la posibilidad de un análisis para posteriores trabajos que se pregunten por los usos de la fotografía digital ante la contingencia del corrimiento de las fronteras de lo público a lo privado y lo íntimo.

La fotografía forma parte del repertorio narrativo de las redes sociales y en el devenir de las publicaciones aparecen con fuerza testimonial momentos cotidianos con un rostro sonriente en primer plano. Estos acontecimientos, que tornan noticiables las más mundanas actividades, nos proponen conocer algo más de los otros: sus hogares, sus amigos, sus aficiones. En definitiva, se desnuda bajo una puesta en escena la administración de su tiempo libre. Aunque siempre tamizada por la agenda recurrente propia de cada perfil, la *selfie* muestra más que un formato reiterado y estereotipado. Evidencia una dimensión de *studium* que detalla formas de vestir, escenarios, objetos y epígrafes que informan sobre aspectos que habitualmente no conocemos de las cotidianidades de nuestros seguidos en las redes. Este corrimiento en la práctica es propiciado por las dinámicas comunicacionales específicas de las redes. Para algunos usuarios hasta se torna una condición de participación.

En la vereda de enfrente de los determinismos, tanto el tecnológico como el social, entendemos que nada en las redes sociales virtuales nos exige que debamos publicar una cantidad de fotos diarias y tampoco el contenido de las mismas. Como tampoco hay prescripción que nos diga que debamos mostrar el interior de nuestras casas, pertenencias y actividades que no son públicas. Asimismo, es cierto que las gramáticas de la narrativa *selfie* y los usos que se popularizan van más allá de las actividades públicas y se adentran en los contextos del hogar, las prácticas privadas e íntimas, y las transportan al estadio público. De allí puede desenvolverse un régimen de visibilidad de los cuerpos que habilita desde la desnudez hasta la publicación de ecografías de embarazadas.

El corrimiento de lo privado y lo íntimo a la esfera de lo público se afianza en las formas naturalizadas de las redes sociales mediante el uso por parte de figuras exitosas. La fama del *influencer* como sujeto propio del estadio actual de las redes sociales virtuales connota una fase avanzada del medio. No solamente porque evidencia la masividad de usuarios devenidos en seguidores de algunas figuras, sino también por la lenta consolidación de un propio *star system* obligado a canjear intimidad por popularidad. Estas figuras tomadas como guía y deber ser en el uso de las redes se traducen en pura imagen que corre el umbral de lo íntimo y lo privado hacia lo público. Esto sucede no solamente con fines ególatras, sino también porque el caudal de seguidores deviene en el *sponsoreo* y la monetización de sus cuentas. Para ser *influencer*, a diferencia de estrella de cine o de televisión, alcanza con tener cuentas en redes sociales y una estrategia de marketing de uno mismo. De allí, la ilusión de muchos jóvenes de convertirse en ídolos de otros habilita la publicidad de la vida privada como una mercancía. En esa construcción, la *selfie* se torna una narrativa insoslayable de una generación para la cual la incorporación de prácticas de sentido en torno a su propia imagen es una condición de época y, por extensión, identitaria.

Referencias

Alonso, M. (2015). *We Instagram*. Barcelona: Espasa.

Bajtín, M. M. (2005). *Estética de la creación verbal*. Buenos Aires: Siglo XXI.

Barthes, R. (2003). *La cámara lúcida. Nota sobre la fotografía*. Buenos Aires: Paidós Comunicación.

Carroll, H. (2017). *Lea este libro si quiere ser famoso en Instagram*. Barcelona: Blume.

Jenkins, H. (2010). *Convergence culture. La convergencia de los medios de comunicación*. Buenos Aires: Paidós Comunicación.

Illouz, E. (2007). *Intimidades congeladas. Las emociones en el capitalismo*. Buenos Aires: Katz Editores.

Karrera, I. y Garmendia, M. (2018). Sexting: qué sabemos y qué nos queda por aprender. En Jiménez, E., Garmendia, M. y Casado, M. A. (edits.), *Entre selfies y whatsapp. Oportunidades y riesgos para la infancia y adolescencia conectada*. Barcelona: Gedisa.

McLuhan, M. (2009). *Comprender los medios de comunicación. Las extensiones del ser humano*. Buenos Aires: Paidós.

Martín-Barbero, J. (2017). *Jóvenes entre el palimpsesto y el hipertexto*. Barcelona: NED Ediciones.

Murolo, N. L. (2015). Del mito de Narciso a la selfie. Una arqueología de los cuerpos codificado". *Palabra Clave*, (18). Colombia: Universidad de la Sabana.

Saltz, J. (2014). Art at arm's length: A history of the selfie. *New York Magazine*. Recuperado el 2 de septiembre de 2018 de http://www.ira.usf. edu/InsideArt/ Inside_Art_Enhanced/Inside_Art_Enhanced_files/6D.Art_at_Arm's_Length_ (2014_article).pdf

Sibilia, P. (2008). *La intimidad como espectáculo*. Buenos Aires: Fondo de Cultura Económica.

Silverstone, R., Morley, D. y Hirsch, E. (1996). Tecnologías de la información y la comunicación y economía moral de la familia. En Silverstone, R. y Hirsch, E. (edits.), *Los efectos de la nueva comunicación. El consumo de la moderna tecnología en el hogar y en la familia*. Barcelona: Bosch.

Turkle, S. (1997). *La vida en la pantalla. La construcción de la identidad en la era de internet*. Barcelona: Paidós Ibérica.

Williams, R. (2011). *Televisión. Tecnología y forma cultural*. Buenos Aires: Paidós.

Mapas de película: apuntes sin GPS sobre algunos territorios en el cine argentino

Por Ignacio Del Pizzo

> "¿Cómo no sabés? ¿No decís que lo soñaste?"
>
> Rosario Bléfari en *Silvia Prieto*

En blanco y negro sin brújula, en 3D sin geolocalización

Existe un consenso generalizado sobre el origen del término "suburbio": es un derivado de *suburbium* que a su vez proviene de *sub urbe*, popularizado en el Imperio Romano durante el primer siglo después de Cristo para denominar a las construcciones aristocráticas alrededor del epicentro de Roma. Con el paso de los siglos, y los cambios profundos en los modos de habitar, lo suburbano poco tiene que ver con esa nomenclatura.

Incontables producciones del campo de la cultura pop han tomado a los suburbios como escenarios de sus narraciones y han denunciado a través de las mismas las marcadas desigualdades que se evidencian entre estos espacios y las grandes urbes: desde los borgianos viajes de varones prudentes que anunciaban en 1658 que los mendigos vivían alejados de lo que otrora se había considerado como conocimiento majestuoso, hasta los diversos lenguajes que trabajan la imagen, como la fotografía o las artes plásticas.

En este capítulo trataremos de ubicar en un mapa dual a obras cinematográficas argentinas según los espacios en los cuales transcurren sus tramas o, en ciertos casos, los lugares en los que las mismas encuentran algún tipo de desenlace. ¿Cuáles han sido los escenarios reales o ficticios de las películas nacionales? ¿Son novedosos o más bien hereditarios de una extensa tradición que se remonta desde los albores de la industria en nuestras tierras? En las páginas que siguen proponemos un viaje sin guía con la pantalla grande como único Sistema de Posicionamiento Global (GPS, por su sigla en inglés).

La vuelta al mundo en incontables días

Para la industria del cine, los premios Oscar, otorgados por la Academia de Artes y Ciencias Cinematográficas estadounidense, representan una legitimación que se propone como un maridaje entre el prestigio ponderado por el circuito de ciertos festivales y el éxito comercial característico del *mainstream*. Durante la 92° ceremonia de entrega de dicho reconocimiento, llevada a cabo el 9 de febrero de 2020, sucedió un hecho histórico, ya que por primera vez un largometraje de habla no inglesa se consagró como mejor película: lo logró la surcoreana *Parasite* (Bong Joon-ho, 2019). Dicho film ya se había hecho de la Palma de Oro en la 72° edición del Festival Internacional de Cine de Cannes, que se había celebrado del 14 al 25 de mayo del año anterior, en el que el Gran Premio del Jurado fue para la senegalesa *Atlantique* (Mati Diop, 2019), íntegramente rodada en wólof. ¿Y qué hay de nuestro idioma? Para los fines de este capítulo, seleccionaremos a la mexicana *Ya no estoy aquí* (Fernando Frías de la Parra, 2019), ganadora del 41° Festival Internacional de Cine de El Cairo desarrollado del 20 al 29 de noviembre del mismo año.

Vemos que premiaciones de Francia, Egipto y Estados Unidos ponderaron películas de Senegal, México y Corea del Sur, respectivamente. Durante 2019 en África, América y Asia se produjeron films que tienen algo en común, además de la proyección y reconocimiento internacional: sus tramas tienen como principal conflicto avatares vinculados con los espacios en los que viven sus personajes. Los guiones de los tres largometrajes tratan sobre movimientos (tanto materiales como simbólicos) que se manifiestan como pasajes de lugares pobres a otros pretendidamente ricos, ya sea de suburbios a centros urbanos (*Parasite*), de un país a otro (*Ya no estoy aquí*) o incluso de un continente a otro (*Atlantique*).

Los tres ejemplos pueden englobarse dentro del género dramático. Sin embargo, nos atrevemos a señalar que la concepción más amplia del drama subyace en múltiples narraciones producidas durante las décadas de 2000 y de 2010 en las cuales el conflicto con el espacio geográfico es central y que a su vez pueden enmarcarse en otras tradiciones cinematográficas –y latitudes–: comedia negra uruguaya en *Whisky* (Juan Pablo Rebella y Pablo Stoll, 2004), ciencia ficción sudafricana-neozelandesa en *Sector 9* (Neill Blomkamp, 2009), suspenso paraguayo en *7 cajas* (María Rossana Schémbori Aquino y Juan Carlos Maneglia, 2012), costumbrismo italiano en *Bagnoli Jungle* (Antonio Capuano, 2015), drama brasileño en *Aquarius* (Kleber Mendonça Filho, 2016) y la lista sigue. Es probable que uno de los films que más explícitamente exponga la idea de frontera sea la mexicana *La zona* (Rodrigo Plá, 2007), una película ¿de terror? ¿policial? ¿dramática? ¿de acción? Quizá, de todo eso junto.

Al igual que cualquier producción de la industria cultural, películas como las anteriormente mencionadas no constituyen emergentes exclusivos de nuestra contemporaneidad, sino que son hereditarias de otros films ampliamente difundidos en décadas previas en las que se narran historias de suburbios de espacios geográficos que, en principio, se podrían considerar como privilegiados: desde las deprimentes calles de la Nueva York de *Taxi driver* (Martin Scorsese, 1976) hasta los edificios de departamentos tomados por adictos a la heroína en la Edimburgo de *Trainspotting* (Danny Boyle, 1996) y las fábricas abandonadas en la Manchester de *The full monty* (Peter Cattaneo, 1997). Como vemos, más allá de las particularidades de cada época y región, las problemáticas sociales vinculadas con los emergentes de las políticas de planificación urbana son centrales en la producción cinematográfica.

Proyectores y proyecciones

En lo que refiere a la cinematografía ficcional nacional, la cuestión geográfica adquiere una relevancia considerable en numerosas películas. Además de responder a –como vimos hasta ahora– factores que son consecuentes con una tradición global, en nuestro suelo estas decisiones autorales dan cuenta de las particularidades constitutivas de la Argentina como país, con una pampa húmeda proclamada como "el granero del mundo" y una ciudad capital pretendida como "la París de Sudamérica".

Vale mencionar que la producción documental también abunda de ejemplos que invitan a repensar la idea del espacio en un tiempo determinado, tanto de forma específica como tangencial en sus respectivas narraciones. Si nos circunscribimos a las primeras dos décadas del tercer milenio, se han lanzado piezas notables en ese sentido tales como *Balnearios* (Mariano Llinás, 2002), *No sé qué me habrán hecho tus ojos* (Lorena Muñoz y Sergio Wolf, 2003), *El Rati horror show* (Enrique Piñeyro, 2010), *Un importante preestreno* (Santiago Calori, 2015), *Un cine en concreto* (Luz Ruciello, 2017), *Foto Estudio Luisita* (Sol Miraglia y Hugo Manso, 2018), *Esto no es un golpe* (Sergio Wolf, 2018), *El espanto* (Pablo Aparo y Martín Benchimol, 2018) y *Las facultades* (Eloísa Solaas, 2019), solo por nombrar algunos ejemplos.

Para acotar nuestro mapa a los efectos del presente capítulo no los ubicaremos en nuestra cartografía, como tampoco lo haremos con documentales que devienen en ficciones como *El loro y el cisne* (Alejo Moguillansky, 2013), propuestas que evidencian la construcción de puesta en escena en pos de documentalizar como *Teatro de guerra*

(Lola Arias, 2018) y falsos documentales como *Los payasos* (Lucas Bucci y Tomás Sposato, 2019).

Asimismo, no trabajaremos con películas ficcionales episódicas cuyas narraciones se desarrollen en espacios diversos que excedan a las categorías sugeridas como *Relatos salvajes* (Damián Szifrón, 2014) o la monumental *La flor* (Mariano Llinás, 2018), por ejemplo. Tampoco con films que, si bien son argentinos, es clave en sus respectivas narraciones lo que acontece en otros países como Brasil y Francia en *El ángel desnudo* (Carlos Hugo Christensen, 1946), Uruguay en *XXY* (Lucía Puenzo, 2007), Paraguay en *El niño pez* (Lucía Puenzo, 2009), Bolivia en *Camino a La Paz* (Francisco Varone, 2015), Chile en *La cordillera* (Santiago Mitre, 2017) y España, Francia, Alemania y Polonia en *El último traje* (Pablo Solarz, 2018).

Si 2020 fue el momento histórico en el que el sector más tradicional de la industria cinematográfica terminó de reconocer cabalmente el alto nivel cualitativo del cine producido durante 2019 en distintas partes del mundo, tomaremos dicho año como referencia. En los próximos dos subtítulos esbozaremos una propuesta a partir de la cual se puede reunir cierta filmografía nacional ficcional según la perspectiva desde la que se enuncia al territorio y ubicaremos cien películas narrativas argentinas correspondientes al período 1919-2019. En cincuenta de ellas, las narraciones se circunscriben a grandes urbanizaciones; en las cincuenta restantes, transcurren en otros espacios o en ellos se suceden hechos fundamentales para sus respectivas tramas.

Se trata de producciones diversas, desde pioneras apuestas en blanco y negro que han sido reeditadas a pesar de sus secuencias faltantes, víctimas del abandono de las cintas originales que se percudieron con el paso de los años, hasta las registradas con los más modernos recursos técnicos; desde películas clásicas de la cinematografía nacional hasta obras con escasa distribución. Los lectores encontrarán trabajos de productoras de contenidos con altísimos presupuestos a disposición y también esfuerzos de grupos de cineastas independientes, películas aclamadas por la crítica y otras no tanto, obras refrendadas por el éxito comercial y largometrajes premiados en festivales locales e internacionales, piezas íntegramente gestadas en nuestro país y otras que son coproducciones internacionales. Se trata de un caprichoso recorte que puede considerarse como una guía rápida e incompleta de parte de la cinematografía argentina en clave territorial.

"Ciudad de pobres corazones"

Numerosas películas nacionales sitúan sus historias en la Ciudad Autónoma de Buenos Aires (CABA), en el Conurbano Bonaerense o en espacios cuya ubicación no se especifica pero se circunscribe a lo citadino. Una forma tradicional en la que la Argentina se ha contado a sí misma es el costumbrismo; en ese sentido, podemos mencionar a *Esperando la carroza* (Alejandro Doria, 1985), *Hombre mirando al sudeste* (Eliseo Subiela, 1986), *Rapado* (Martín Rejtman, 1992), *Silvia Prieto* (Martín Rejtman, 1999), *76-89-03* (Flavio Nardini y Cristian Bernard, 2000), *Luna de Avellaneda* (Juan José Campanella, 2004), *Vida en Marte* (Néstor Frenkel, 2004), *Un año sin amor* (Anahí Berneri, 2005), *Regresados* (Flavio Nardini y Cristian Bernard, 2008), *Los guantes mágicos* (Martín Rejtman, 2008), *Los paranoicos* (Gabriel Medina, 2008), *Un cuento chino* (Sebastián Borenzstein, 2011), *Juana a los 12* (Martín Shanly, 2013), *El 5 de Talleres* (Adrián Benítez, 2014), *El rey del Once* (Daniel Burman, 2016), *El invierno llega después del otoño* (Malena Solarz y Nicolás Zukerfeld, 2016) y *Las buenas intenciones* (Ana García Blaya, 2019).

Estos ejemplos de narración de la vida cotidiana en las grandes ciudades responden a películas que abordan distintas temáticas dentro de esa amplia propuesta, pero hay una representación que se destaca cuantitativamente en relación al resto: la de los espacios urbanos como "zonas peligrosas", tanto en lo englobado bajo el estereotipo de "la inseguridad" como en lo referido a procesos sociales de marcada violencia institucional (muchas veces, contadas mediante ficciones históricas). De esto son ejemplos *La muerte camina en la lluvia* (Carlos Hugo Christensen, 1948), *Apenas un delincuente* (Hugo Fregonese, 1949), *Si muero antes de despertar* (Carlos Hugo Christensen, 1952), *No abras nunca esa puerta* (Carlos Hugo Christensen, 1952), *Días de odio* (Leopoldo Torre Nilsson, 1954), *La casa del ángel* (Leopoldo Torre Nilsson, 1957), *Invasión* (Hugo Santiago Muchnick, 1969), *Los traidores* (Raymundo Gleyzer, 1973), *Noches sin lunas ni soles* (José Martínez Suárez, 1984), *La historia oficial* (Luis Puenzo, 1985), *La noche de los lápices* (Héctor Olivera, 1986), *Cenizas del paraíso* (Marcelo Piñeyro, 1997), *Nueve reinas* (Fabián Bielinsky, 2000), *Un oso rojo* (Israel Adrián Caetano, 2002), *El bonaerense* (Pablo Trapero, 2002), *El juego de Arcibel* (Alberto Lechi, 2003), *El Polaquito* (Juan Carlos Desanzo, 2003), *Whisky Romeo Zulú* (Enrique Piñeyro, 2004), *Tiempo de valientes* (Damián Szifrón, 2005), *Garúa* (Gustavo Corrado, 2005), *La antena* (Esteban Sapir, 2007), *Carancho* (Pablo Trapero, 2010), *Fase 7* (Nicolás Goldbart, 2010), *Mauro* (Hernán Rosselli, 2014), *Kryptonita* (Nicanor Loreti, 2015), *La larga noche de Francisco De Sanctis* (Andrea Testa y Francisco Márquez, 2016), *Al final del túnel* (Rodrigo Grande, 2016), *Alanis* (Anahí Berneri, 2017) y *El ángel* (Luis Ortega, 2018).

El espacio urbano también es tomado como un elemento que expone las marcadas diferencias entre lo marginal y lo acomodado, como por ejemplo en *Buenos Aires viceversa* (Alejandro Agresti, 1996), *Pizza, birra y faso* (Bruno Stagnaro e Israel Adrián Caetano, 1998), *El hombre de al lado* (Gastón Duprat y Mariano Cohn, 2009) y *La hora de la siesta* (Sofía Mora, 2009). Vale destacar que en varias de ellas este proceso es llevado adelante al mixturar las perspectivas autorales anteriores vinculadas con el costumbrismo y con el tratamiento de "zona de riesgo" antes desarrolladas.

"La ruta sigue más allá de las luces de la autopista"

Así como mencionamos películas para ejemplificar algunas lecturas sobre los espacios urbanos de la cinematografía nacional, también podemos dedicarnos a esbozar un recorrido similar con lo que a grandes rasgos podría ser considerado "lo que no es urbano" desde un estereotipo ciudad-centrista, descripto por el discurso hegemónico de muchos habitantes de centros urbanos como "el interior". Esa nomenclatura, extremadamente popular en el Área Metropolitana de Buenos Aires (AMBA) y en capitales provinciales, es aplicada sin distinción a zonas rurales, pequeños pueblos, poblados de difícil acceso e incluso a zonas urbanas que tienen particularidades que las diferencian del propio ideario citadino.

Si comenzamos nuestro apartado anterior con el desarrollo de la idea del costumbrismo en las ciudades, aquí podemos mencionar las representaciones sobre la vida "de pueblo" o "provinciana" que se reproducen en la cinematografía local: *El negoción* (Simón Feldman, 1959), *El dependiente* (Leonardo Favio, 1969), *No habrá más penas ni olvido* (Héctor Olivera, 1983), *La ciénaga* (Lucrecia Martel, 2001), *Modelo 73* (Rodrigo Moscoso, 2001), *La niña santa* (Lucrecia Martel, 2004), *El ciudadano ilustre* (Gastón Duprat y Mariano Cohn, 2016), *Hoy partido a las tres* (Clarisa Navas, 2017), *Esteros* (Papu Curotto, 2017), *Mochila de plomo* (Darío Mascambroni, 2018), *Marilyn* (Martín Rodríguez Redondo, 2018), *Paraíso* (Pablo Falá, 2018) y *Rojo* (Benjamín Naishtat, 2018).

Hemos visto, también, que las ciudades son muchas veces representadas como "zonas peligrosas"; la entelequia "el interior", por su parte, también es usualmente ficcionalizada como un imaginario geográfico permeable al desarrollo de un ciclo de crímenes, redención y justicia (muchas veces, personajes que habitan grandes ciudades realizan viajes como parte de ese circuito, que no siempre se completa). Teniendo en cuenta dicha aclaración, y considerando al territorio desde antes del establecimiento de los límites y forma administrativa actuales, encontramos a *El hombre que debía una muerte* (Mario Soffici, 1955), *La Patagonia rebelde* (Héctor Olivera, 1974), *Camila* (María Luisa Bemberg, 1984), *Caballos salvajes* (Marcelo Piñeyro, 1995), *El aura* (Fabián Bielinsky, 2005), *Historias extraordinarias* (Mariano Llinás, 2008), *El secreto de sus ojos* (Juan José Campanella, 2009), *Aballay* (Fernando Spiner, 2010), *Wakolda* (Lucía Puenzo, 2013), *Kóblic* (Sebastián Borenzstein, 2016), *Fuga de la Patagonia* (Francisco D'Eufemia y Javier Zevallos, 2016), *La educación del Rey* (Santiago Esteves, 2017), *El otro hermano* (Israel Adrián Caetano, 2017), *Zama* (Lucrecia Martel, 2017), *Al desierto* (Ulises Rosell, 2017), *Muere monstruo muere* (Alejandro Fadel, 2018), *Mi obra maestra* (Gastón Duprat, 2018) e *Infierno grande* (Alberto Romero, 2019).

En varios de los ejemplos anteriores, decíamos, los protagonistas de los films realizan viajes durante los cuales transcurren los principales sucesos planteados en sus respectivos guiones. "El interior" también se propone como un espacio para encontrar trabajo u oportunidades que la desigual ciudad no ofrece, como se evidencia en *Prisioneros de la tierra* (Mario Soffici, 1939), *Tiempo de revancha* (Adolfo Aristarain, 1981), *Mundo grúa* (Pablo Trapero, 1999) y *El escarabajo de oro* (Alejo Moguillansky, 2014); y también en sentido contrario: como el espacio del cual partir para llegar a la soñada "gran ciudad" como en *Juan sin ropa* (Héctor Quiroga y Georges Benoit, 1919) y *Soñar, soñar* (Leonardo Favio, 1976). Los movimientos de los protagonistas hacia espacios alejados de grandes urbanizaciones también pueden responder a la necesidad de esconderse como en *Kamchatka* (Marcelo Piñeyro, 2002) o debido a que sus propias trayectorias personales habitan los márgenes de dichas aglomeraciones, tal como observamos en *La mujer de los perros* (Laura Citarella y Verónica Llinás, 2015), solo por mencionar algunos casos.

Continuando con la idea de los viajes, el turismo emerge como una actividad a la cual la industria cinematográfica argentina le atribuyó una notable relevancia para narrar espacios caracterizados por el esparcimiento. Encontramos como ejemplos a *La quena de la muerte* (Nelo Cosimi, 1929), *Los jóvenes viejos* (Rodolfo Kuhn, 1960), *El descanso* (Ulises Rosell, Andrés Tambornino y Rodrigo Moreno, 2002), *Ostende* (Laura Citarella, 2011) y *Los dueños* (Agustín Toscano y Ezequiel Radusky, 2013). Incluso en narraciones que transcurren principalmente en la CABA, pero que encuentran en el miniturismo o las denominadas "escapadas" uno de los puntos fundamentales del relato como en *Mi amiga del parque* (Ana Katz, 2015) y *Cetáceos* (Florencia Percia, 2017). En este apartado podemos ubicar, además, a films que proponen al descanso como circunscripto a un espacio determinado más allá de su ubicación, como *Los muchachos de antes no usaban arsénico* (José Martínez Suárez, 1976) y a localidades que además de urbanizaciones cuentan con espacios eminentemente naturales como *La trampa* (Carlos Hugo Christensen, 1949), *Showroom* (Fernando Molnar, 2014) y *Vóley* (Martín Piroyansky, 2015).

Escena poscréditos

¿Cuál es la música argentina? Algunos dirán que el tango. Otros, el folclore. Se trata de una dicotomía que deja en evidencia el centralismo porteño: un género cuyo origen se circunscribe a una única ciudad se equipara con la amplitud folclórica que se refiere a ritmos tan diversos como el carnavalito, la chacarera, el chamamé, el escondido, la vidala, la zamba y la lista sigue. Es un discurso ampliamente extendido que puede rastrearse en diversas producciones de la cultura, pero también en otros campos tales como la política, la economía y la planificación, entre otros.

Las mentadas diferencias entre un espacio y otro(s) siempre se refieren al lugar de quien enuncia y muchas veces responden a las dualidades existentes entre lo conocido/lo exótico, lo seguro/lo peligroso, lo posible/lo deseable... A su vez, el límite se puede ubicar en diferentes zonas: la CABA y el Conurbano Bonaerense, el AMBA y el denominado "interior", ciudades y campo, zonas ricas y regiones marginales, espacios de trabajo y centros turísticos...

En este capítulo no pensamos en límites rígidos, sino que propusimos trabajar en fronteras lábiles que constituyen zonas de intercambio, de idas y vueltas que se retroalimentan. El mapa que compartimos es uno solo entre infinitos posibles, que –esperamos– nos acompañe en una de las tantas rutas del cine argentino.

Referencias

Arias, A. (2013). Lo territorial en el territorio de la Argentina. Connotaciones históricas, políticas y culturales de lo social de los territorios. *Margen*. Recuperado de https://www.margen.org/suscri/margen71/arias.pdf

Aumont, J. (2004). *Las teorías de los cineastas*. Barcelona: Paidós Ibérica.

Aumont, J. y Marie, M. (1990). *Análisis del film*. Barcelona: Paidós Ibérica.

Aumont, J.; Bergala, A.; Marie, M. y Vernet, M. (2005). *Estética del cine. Espacio fílmico, montaje, narración, lenguaje*. Buenos Aires: Paidós.

Borges, J. L. (2011). Del rigor en la ciencia. En *El hacedor*. Buenos Aires: Debolsillo.

Burch, N. (1991). *El tragaluz del infinito*. Madrid: Ediciones Cátedra.

Calori, S. (2019). Fernando Martín Peña (Capítulo 1). *Cinefilia Ninja*, temporada 1, episodio 12. Recuperado de https://congo.fm/cinefilia-ninja-t01e12-fernando-martin-pena-parte-1/

Calori, S. (2019). Fernando Martín Peña (Capítulo 2). *Cinefilia Ninja*, temporada 1, episodio 13. Recuperado de https://congo.fm/cinefilia-ninja-t01e13-fernando-martin-pena-parte-dos/

Calori, S. (2020). ¿Existen las películas malas?. *Míralos Morir*. Recuperado de https://miralosmorir.com/existen-las-peliculas-malas/

Campero, A. (2009). "Nuevo cine argentino: de *Rapado* a *Historias extraordinarias*". Los Polvorines, Universidad Nacional de General Sarmiento.

Cebrelli, A. y Rodríguez, M. G. (2013). ¿Puede (in)visibilizarse el subalterno? Algunas reflexiones sobre representaciones y medios. En *Tram[p]as de la Comunicación y la Cultura*. La Plata: Facultad de Periodismo y Comunicación Social de la Universidad Nacional de La Plata.

Daney, S. (2004). *Cine, arte del presente*. Buenos Aires: Santiago Arcos.

De Certeau, M. (1997). *La invención de lo cotidiano*. Ciudad de México: Universidad Iberoamericana.

Del Pizzo, I. (2017). Ciudad de pobres corazones. *Espartaco Revista*. Recuperado de https://espartacorevista.com/2017/05/ciudad-de-pobres-corazones/

Garriet Mata, J. A. (2010). El concepto de suburbium en la ciudad romana. En Murillo Redondo, J. y Vaquerizo Gil, D. (edits.), *El anfiteatro romano de Córdoba y su entorno urbano. Análisis arqueológico (ss. I-XIII d.C.)*. Córdoba: Universidad de Córdoba y Gerencia Municipal de Urbanismo del Ayuntamiento de Córdoba.

Gaudreault, A. y Jost, F. (1995). *El relato cinematográfico. Ciencia y narratología*. Barcelona: Paidós Ibérica.

Healey, M. y Semán, E. (2013). Des(hacer) Buenos Aires. *Le Monde Diplomatique*. Buenos Aires: Capital Intelectual S.A. Año XIV, (164).

Llinás, M. (2020). Historia del cine, 2001-2020. En *La vida en suspenso. 16 hipótesis sobre la Argentina irreconocible que viene*. Buenos Aires: Siglo XXI.

Martin, M. (2002). *El lenguaje del cine*. Barcelona: Gedisa.

Rancière, J. (2010). *El espectador emancipado*. Buenos Aires: Ediciones Manantial.

Reguillo, R. (2006). Los miedos contemporáneos: sus laberintos, sus monstruos y sus conjuros. En Pereira, J. M. y Villadiego Prins, M. (edits.), *Entre miedos y goces. Comunicación, vida pública y ciudadanías*. Bogotá: Editorial Pontificia Universidad Javeriana.

Rodríguez, C. (2014). *El cine de terror en Argentina: producción, distribución, exhibición y mercado (2000-2010)*. Bernal: Universidad Nacional de Quilmes.

Semán, P. (2006). *Bajo continuo. Exploraciones descentradas sobre cultura popular y masiva*. Buenos Aires: Editorial Gorla.

Wolf, S. (2001). *Cine / Literatura. Los ritos de pasaje*. Buenos Aires: Paidós.

La política en *tweets*: agendas, desinformación, memes y *stickers*

Por Leonardo Murolo

"Algunos candidatos a diputado adornan con su retrato sus folletos electorales, lo que presupone que la fotografía tiene un poder de conversión que es necesario analizar. Ante todo, la efigie del candidato establece un nexo personal entre él y los electores; el candidato no solo da a juzgar un programa, sino que propone un clima físico, un conjunto de opciones cotidianas expresadas en una morfología, un modo de vestirse, una pose. De esta manera, la fotografía tiende a restablecer el fondo paternalista de las elecciones, su naturaleza 'representativa', desordenada por la representación proporcional y el reino de los partidos (la derecha parece usarla más que la izquierda). En la medida en que la fotografía es elipsis del lenguaje y condensación de un 'inefable' social, constituye un arma antiintelectual, tiende a escamotear la 'política' (es decir un cuerpo de problemas y soluciones) en provecho de una 'manera de ser', de una situación sociomoral"

Roland Barthes, Mitologías

La política en *tweets*

Que las disputas políticas se juegan en las redes sociales, además que en las calles y las mesas chicas, no es novedad. Los políticos de profesión ya no ocultan a su equipo de comunicación ni a sus gurúes que les indican los modos de habitar esos territorios. En el escenario de celebración de una cultura pop que centrifuga la política partidaria con el espectáculo, estos especialistas son conocidos por la opinión pública que los ve y los lee mientras se pavonean por los medios donde relatan logros y desnudan estrategias. Desde allí que podemos advertir ciertas lógicas constantes en el uso que algunos políticos hacen de las redes.

Las manifestaciones públicas en redes han ido enalteciendo a Twitter como el escenario preferido. Quizá porque Facebook ostenta un uso misceláneo o porque Instagram es empleado por un corte etario más joven. Aun así, en todas tiene protagonismo una búsqueda por la palabra precisa y la exaltación de la imagen en fotografías con alta carga de sentidos. A diferencia de los trascendidos y rumores, en las redes a la brevedad e instantaneidad de la información se le adiciona contar con el aval autoral de las cuentas verificadas. Mientras el periodismo siempre trabajó mediante la consulta de tres fuentes que aseveraran una información antes de difundirla, el tilde azul de Twitter otorga legitimidad como dichos del dueño de la cuenta. Toda una distinción de celebridad que redunda en verdad, al punto de tener que salir a denunciar *hackeo* si lo que se dijo fue improcedente y generó discordia social. Como código implícito, los usuarios saben que los *tweets* no deben borrarse. Un signo de hacerse cargo de que lo afirmado no tiene vuelta atrás y, si devino en controversia, dar batalla en pocos caracteres para sostenerlo o disculparse. Por otra parte, las comunidades de las redes son asiduas al escrache, a buscar en el archivo posturas extemporáneas, capturar la pantalla, guardar la prueba, convertirla en meme y viralizarla.

De llamar a una conferencia de prensa para realizar un anuncio que llevaría un minuto, se pasa con total naturalidad a escribir un *tweet*. En vez de exponerse a incómodas preguntas de los periodistas, el daño colateral deviene en el ataque de *trolls* y *haters*. La propaganda o la toma de posición ante un tema con repercusión son los usos más comunes en Twitter por parte de los políticos, pero también intentar poner en agenda discusiones que están por fuera y hasta pronunciarse en diálogo interpersonal con otra persona, pero para que todos se enteren. Podemos ejemplificar estos usos, por lo pronto, en tres casos.

El primero tuvo lugar cuando el sitio web Economía Feminista durante el debate en Diputados y en Senadores sobre la Ley de Interrupción Voluntaria del Embarazo en 2018 recopilaba, antes de la votación, las manifestaciones mediáticas de los legisladores para aproximarnos al resultado. En un doble juego, ante un debate que ya estaba en agenda, los legisladores emplearon Twitter para adelantarle a la sociedad los fundamentos de su posición.

Otro momento clave tuvo lugar en medio del intento de golpe de Estado al gobierno de Nicolás Maduro en Venezuela. El reconocimiento del autoproclamado reemplazante Juan Guaidó por parte de algunos presidentes se dio primeramente en Twitter. Algunos más temprano que tarde, con la intención de congraciarse con el expresidente estadounidense Donald Trump. La manifestación del por entonces presidente argentino, por ejemplo, se materializó en un intempestivo *tweet*, aunque posteriormente se extendiera su posición en el recibimiento de Guaidó con los honores de un primer mandatario.

Finalmente, el ejemplo del arco político que enviaba condolencias al entonces presidente argentino por el fallecimiento de su padre. El *tweet* que tuvo mayor repercusión y se convirtió en sí mismo en una noticia fue el de la principal líder de la oposición, la expresidenta Cristina Fernández de Kirchner. Tiempo después, fue el turno de Mauricio Macri de enviar condolencias por el fallecimiento de la madre de la expresidenta. Gestos de cordialidad esperados entre rivales que en apariencia solo se darían por Twitter.

Puede ser que, en algunos casos, la política en *tweets* signifique un acto de cumplimiento, un trámite más fácil de solucionar que dando una entrevista, convocando a una conferencia de prensa o publicando el Boletín Oficial. Como sea, los usos de Twitter ya no son nuevos y generalmente se encuentran calculados por los responsables de prensa de los políticos. Al mismo tiempo, se utilizan como una herramienta más de posicionamiento y comunicación electoral o de gobierno. La repercusión social y mediática está asegurada, por la cantidad de seguidores de las figuras públicas y por la baja calidad del periodismo hegemónico, que a partir de un *tweet* de pocos caracteres está acostumbrado a crear acontecimientos noticiables desde una computadora.

En el siglo XX la televisión tomó protagonismo en la comunicación política y en el cruce con la cultura popular, en el que la actividad político-partidaria se convertía, como el fútbol y el rock, en un espectáculo. En las redes sociales se da un paso más adelante al configurar este escenario como la misma calle. Vieja política y nueva política despliegan una dialéctica entre átomos y bits. Por un lado, los signos de la fotogenia electoral, en palabras de Barthes, como el afiche callejero, las pintadas en muros deshabitados, el panfleto y la folletería, además de los actos de masas en los que la mística del líder se confunde con la del ídolo de la cultura pop. Por otro lado, la imagen digital, la sonrisa impostada, el video breve, el texto huidizo que debe anotar y ser notable, sagaz y pertinente, escenario donde los *trolls* y los *bots* forman parte del juego y la estrategia es más comunicacional que electoral.

Las redes sociales trabajan con la magia de la *big data*, algo de lo que mucho se habla y poco se comprende. Para maniobrar *big data* hay que tener acceso a grandes volúmenes de datos. Las empresas de servicios, de tarjetas de créditos, los Estados y también las redes sociales cuentan con la información propicia para hacer artesanía con *big data*. Este trabajo puede suponer la segmentación en variables independientes como edad, sexo, lugar de residencia, como también gustos específicos y preferencias según las decisiones tomadas en las plataformas. De allí, se pueden planificar acciones y mensajes específicos para cada sector de usuarios. Desde mediados de los 2000, la actividad política usa esta herramienta a su favor y de allí modifica prácticas que antes eran propias de la comunicación de masas. Los casos más conocidos en los últimos tiempos son los usos por parte de Jair Bolsonaro, Mauricio Macri y Donald Trump, pero Barack Obama ya había puesto en práctica estas herramientas en su primera campaña por la presidencia.

En este contexto, la comunicación política trabaja dentro de los géneros discursivos de las redes. Un escenario en constante movimiento que, además de la brevedad como estandarte, se permite oscilar entre información chequeada y ficciones plausibles denominadas *fake news*, posverdad o desinformación.

La dinámica de las redes también propone la difusión de diferentes registros de información. Allí, los políticos no solamente muestran actos de campaña o de gobierno, que deben ser constantes hasta el hartazgo, sino también los de la vida privada. Políticos con sus familias y mascotas, que hacen deportes, recomiendan películas y canciones, cocinan y comen, se suceden en sus perfiles con una asiduidad que no se daba en la televisión o en las revistas que apelaban a estos recursos de manera esporádica y con impostada pretensión de espontaneidad.

La política en *fake news* y desinformación

Desde que el periodismo es periodismo existen diversos formatos de noticias falsas, desinformación, como se dice ahora: "posverdad", como se decía antes: "vender pescado podrido". Los medios tradicionales, como la prensa, la radio y la televisión despliegan títulos en potencial, información sin chequear, como también operaciones con deliberada intención de embarrar la cancha. Con la irrupción de las redes sociales el problema tomó relevancia en relación a los usos: flujo informativo constante, producción por parte de usuarios, consumo fragmentado, contenidos efímeros y viralización inmediata.

Este terreno enrarecido es enseguida empleado por la actividad política para hacer circular desinformación sobre hechos de actualidad, colectivos sociales, dirigentes políticos y hasta acontecimientos históricos. El fin que se busca es el de crear un clima de indignación y odio hacia opositores en un intento de incidir en la opinión pública que se traduce en la toma de decisiones. Desde ya que no postulamos una mirada determinista que sostenga que aquello que dicen los medios luego se convierte de manera matemática en opinión pública. No obstante, los sujetos y ciudadanos construimos subjetividades desde nuestras configuraciones identitarias, trayectorias educativas, creencias religiosas, elecciones de género y sexualidades, consumos culturales y por supuesto que en este complejo entramado de *habitus* participan también las representaciones de los medios de comunicación. A muchos políticos, como a los ídolos de la industria cultural, solamente los conocemos mediante los medios.

La actividad política y los medios de comunicación concentrados hacen uso estratégico de la desinformación. Desde allí que no la comprendemos solo como un mal ejercicio del periodismo atribuible a la falta de chequeo de información o a producir noticias así nomás sin el rigor que un buen periodista debería desplegar. Por el contrario, cuando se habla de *fake news* o desinformación debe partirse de poner en relieve la intencionalidad del medio o del periodista de intervenir en el discurso público en defensa de intereses económico-empresariales, ideológicos o de clase.

Como daño colateral de la prometida sociedad de la información, la cantidad de información falsa que circula en internet y telefonía móvil se constituye actualmente en una narrativa propia, al tiempo que hace pertinente reflexionar sobre los usuarios que se informan mediante redes sociales. Esto habilita la discusión sobre la credibilidad de la información que por allí circula. Es por ello que estas empresas que no producen contenidos dicen procurar políticas tendientes a disminuir la cantidad de información falsa que sus usuarios viralizan en su interior.

La desinformación encuentra su potencia en ciertas formas de uso y apropiación de la telefonía móvil como la práctica de deslizar (*scroll*) el cursor para ver la información siguiente en las redes sociales. Este consumo veloz de información de lo más diversa propone ver desde estados y fotografías hasta enlaces a noticias de las que se lee solamente un título y a lo sumo una bajada. Para acceder a estas notas completas es necesario clickear en el enlace que se abrirá en otra página. Las audiencias alfabetizadas en la práctica del *scrolleo* propia de páginas web, Facebook, Twitter e Instagram, no se detienen en la vorágine a abrir cada enlace y se conforman con consumir la miscelánea de información sin profundizar. Allí las *fake news* asumen una enorme potencia enunciadas simplemente en una oración acompañada de una imagen tendenciosa que a veces alcanza para dejar huella en los imaginarios sociales. Finalmente, logran la viralización en la práctica de compartir o *retwittear*.

La comunicación política puede entenderse desde múltiples dimensiones: de campaña electoral, de gobierno, de crisis. En cada caso la desinformación funciona como elemento en la arena de batalla por los sentidos. Los productores de estas trampas reconocen que la condición de efectividad de las *fake news* no solamente se justifica en la instantaneidad y velocidad de los consumos mediáticos en las redes, sino también en el contenido ya que se asientan en un imaginario antes incorporado alrededor de determinados temas, actores y acontecimientos. La desinformación opera como reafirmación de aquello que las audiencias antes han incorporado como verdadero. Desde las neurociencias se piensa en teorías del sesgo cognitivo, en las que la disonancia cognitiva "explica la tendencia de todo ser humano a buscar la armonía entre sus creencias, sus actitudes y sus comportamientos, a la vez que se muestra disconforme cuando estos tres elementos (creencias, actitudes y comportamientos) no se encuentran alineados" (Aparici y García Marín, 2019). Desde allí, apelan más al plano emocional que al racional y tienen sustento más en los sentimientos construidos antes que en los hechos contrastables. De todos modos, deben estar construidas bajo el rigor de la verosimilitud. No de una verdad filosófica, ni de una realidad chequeable, sino de una posibilidad de ser. No se asientan en la lógica disparatada del meme ni del sarcasmo del GIF, sino en la estructura probada de los géneros periodísticos y de la reiteración mediática.

La política en la escena mediática

Dice Henry Jenkins (2008) que el cruce entre política y cultura popular en la era de los medios digitales puede leerse fuertemente en Estados Unidos desde 2004 con la aparición de un video del *reality* de Donald Trump resignificado a modo de *mush up* por parte de usuarios de internet. El formato trataba de gente que participaba por un empleo y el rol de un jurado a modo de jefe que despedía a quienes perdían las pruebas y no seguían avanzando en el programa. Allí, la frase "estás despedido" dicha por Trump ya era un clásico del formato. En el vídeo en cuestión se la decía al entonces presidente George W. Bush. Este *fanvideo* se viralizó al punto de tratarse de una pieza superconocida que intervino en el debate público.

En la Argentina, los cruces entre cultura popular y medios masivos con la política y los políticos no es algo nuevo. Ya en los noventa cuando Giovanni Sartori (1998) hablaba del homo videns y despotricaba contra la telepolítica y la representación en imágenes, en la Argentina tenía lugar un gobierno neoliberal que no negaba la política pero la escondía detrás de grandilocuencias mediáticas: un presidente asiduo a la televisión que llegó a bailar con odaliscas al mediodía ante la mirada sonriente de Mirtha Legrand, realizar entrevistas con pases de comedia con Susana Giménez, jugar al fútbol en lo de Marcelo Tinelli y hasta conducir *Tiempo Nuevo* cuando Bernardo Neustadt se ausentó por un problema de salud.

Fernando de la Rúa aprovechó para su campaña esta dimensión que está emparejada con la debacle económica y la corrupción, cierta seriedad exagerada por un hombre sin carisma se convirtió en signo de diferenciación. "Dicen que soy aburrido porque no ando en Ferraris", decía mientras transformaba el estigma en emblema, en un *spot* producido por Ramiro Agulla, publicista estrella por esos años.

Tanto Néstor Kirchner como Cristina Fernández de Kirchner propusieron un cambio cultural que corrió lentamente el umbral del humor posible. Esto repercutió fuerte en su relación con los medios, que comenzó como la de todos y terminó por desatar un "periodismo de guerra" con el impulso de la Ley de Servicios de Comunicación Audiovisual en 2009, además de la poca o nula presencia de los mandatarios en los estudios televisivos más que en entrevistas de campaña. La creación del Instituto Nacional contra la Discriminación, la Xenofobia y el Racismo (Inadi) y la conciencia de hacer daño con determinadas fórmulas mediáticas discriminatorias tuvieron repercusión en los modos de repensar las bromas de *Videomatch*, los maltratos a personas con sobrepeso en *Cuestión de Peso* y la cosificación de la mujer en *Poné a Francella* o *Sin Codificar*. Allí, Diego Capusotto se erigió como el humorista de la época que no perdonaba a nadie, ya sean ideologías, creencias o ídolos intocables, pero desde un humor absurdo y a la vez militante de causas justas.

El partido Propuesta Republicana (PRO) o macrismo supuso un regreso no solamente de políticas económicas, sino también de un intento de restauración conservadora que se verá en la batalla cultural, por momentos perdida. Los festejos de triunfo en las elecciones comenzaron a combinar una serie de signos que serían identitarios y distintivos. La semiótica del cumpleaños se actualiza cada vez en el búnker de Costa Salguero con globos, música de Gilda o Tan Biónica y un montón de gente en el escenario bailando ante el público, cual comedia musical berreta.

Las oratorias despolitizadas que hablaban de gente o vecinos, de administración o gestión, de trabajo juntos y de alegría, comenzaban a dejar de lado y a ensuciar las ideas de pueblo o ciudadanía, gobierno, democracia, política pública y derechos. Como en otras épocas se erigieron figuras mediáticas que defendían al régimen, como Alfredo Casero, Luis Brandoni y Juan Acosta. Un humor macrista, una forma de concebir el periodismo y la ficción tendrían lugar en debates oficialistas como también en *Intratables* y en los unitarios de PolKa.

La política en memes y *stickers*

La pertinencia del meme en la comunicación contemporánea se construye detrás –o incluso antes– de cualquier acontecimiento noticiable. "Ya salieron los memes del discurso del presidente", "Ya salieron los memes del capítulo de la serie", "Ya salieron los memes del partido del domingo", como titulares que demuestran que su lugar existe y solo debe ser llenado, incluso es esperado. Pero ¿qué dice el meme? ¿Dónde reside su potencia enunciativa? ¿Cuáles son los usos que hace la actividad política? ¿Qué testimonia de la sociedad donde se viraliza? ¿Habla de una antropología de la imagen o de una industria de la cultura estandarizada?

Sagacidad, ironía, inmediatez, son algunas de las características intrínsecas y condicionantes para la efectividad de su relato. Cuando la *selfie* cuenta el aquí y ahora o el *tweet* rememora el género de la noticia, el meme es una forma narrativa válida en la contemporaneidad para expresar la perplejidad. Como en toda cultura de la imagen, desde la de los jeroglíficos egipcios hasta la de los gestos del lenguaje de señas, en lo actual se asemeja al *emoji* y al *sticker*, como a toda forma de comunicación kinésica supercodificada en la que los hablantes reconocen la expresión como en la palabra: casi sin arreglo de tiempo. Esto habla de formas de comunicación hiperritualizadas en una sociedad con abundancia informativa y tiempos veloces de intercambio, pero también de un escenario que apuesta a la comunicación como actividad intelectual, contextual y directa. Casi como una artesanía del lenguaje. Se trata de una apelación al proceso primario freudiano en el que el sentido debe buscarse en los desplazamientos y las condensaciones de los elementos en sus infinitas combinatorias.

El meme también es político, es irreverente, y presenta su estética como ideología. Es un territorio donde poner bajo crítica un tema de actualidad y quedarse suspendido en un episodio que pudo haber pasado inadvertido. El meme se ocupa de lo importante, pero al partir desde la anécdota. En el meme se corre el límite de lo decible en nombre del humor y la desfachatez. Signo que también puede advertirse en las interacciones juveniles en Twitter, lugar en el que el que se enoja pierde o aún peor: debe volver a Facebook. Allí el meme al que es imposible encontrarle un autor pertenece al terreno de la impunidad, aquello que siempre pretendió colonizar el humor. Un espacio donde está permitido burlarse de lo que nos aqueja, ofende y duele.

En las interacciones de grupos de mensajería instantánea, los *emojis*, *stickers* y memes ofician como una palabra más y a la vez suplantan al silencio. Abren la charla y la cierran, sus usos diferenciales postulan tipos de hablantes reconocibles y roles en los grupos. La carpeta de memes y el acervo de *stickers* en los teléfonos preparan al hablante con su artillería de amor, ironía, humor y belicismo ante los demás. La sociedad del meme está alfabetizada en el lenguaje icónico mediático, desde las historietas en contratapas de los periódicos a las sagas de cómics. El meme es un chiste cuando es original, incómodo y no debe ser explicado. El meme se llamó afiche cuando los equipos de fútbol empapelaban la ciudad con sagaces burlas a sus rivales luego de los partidos. El meme fue el osado humor gráfico que en momentos de censura se animó a correr los límites de la crítica. El meme también participa de las noticias falsas y la aseveración o desmentida de operaciones de prensa. Se hace eco de los temas del día para exagerarlos o contradecirlos y, por lo tanto, deconstruirlos en un sentido derrideano.

Los *stickers* en la mensajería instantánea, como los memes en las redes sociales, apelan a la potencia de la imagen icónica. Se constituyen como mensajes que, como los chistes, no hay que explicar, porque de manera instantánea contienen humor, sarcasmo y apelan a la sagacidad de cierto capital cultural para comprenderlos. En el caso de los *stickers* políticos también involucran la ideología y burlarse de aquello que a la vez muchas veces nos preocupa. En años electorales sirven para posicionarnos en conversaciones interpersonales o en grupos, distender las tiranteces en medio de discusiones, o incluso, como un elemento más de persuasión que recalca alguna dimensión de la personalidad, valor o falta, de los políticos o candidatos representados.

Desde la espectacularización de la política desarrollada en los medios masivos durante el siglo XX los políticos saben capitalizar sus apariciones en programas y publicaciones de entretenimiento. El debate de ideas en algunos escenarios queda de lado para construir al candidato como pura imagen y bajo la sátira, las imitaciones, los juegos propuestos por la cultura pop. Algunos dirigentes se permiten esquivar la política y jugar su costado más banal. En tanto los *stickers* en mensajería instantánea, existen grupos de WhatsApp creados especialmente para compartirlos (como el grupo "Solo *stickers* políticos"), en los cuales, seguramente, participen integrantes de los equipos de comunicación de políticos con intención de reconocer el terreno, y por qué no, intervenir para posicionarlos.

Que circulen estas imágenes en las potentes redes de la mensajería instantánea redunda en publicidad indirecta, esa misma que los políticos promueven en sus redes sociales con imágenes y videos supereditados por sus equipos para anunciar que van a estar en tal o cual programa de radio o televisión, al promocionar frases que dijeron o al presentar su opinión ante temas de agenda. En este sentido, la premisa parece ser que hablen bien o mal, ser objeto de burla o humor, pero que hablen. Muchas veces el estigma logra transformarse en emblema y un *sticker* toma una popularidad tal que el político representado puede generar simpatía por asociación. El desplazamiento de la comunicación de campaña del reiterativo afiche o las concentraciones masivas para escuchar a los candidatos, hacia la incorporación también de las redes y la mensajería como territorios ineludibles de la comunicación masiva contemporánea parecen ser una estrategia en crecimiento desde hace unos años.

Referencias

Aparici, R. y García Marín, D. (2019). La posverdad: el software de nuestra era. En *La posverdad. Una cartografía de los medios, las redes y la política*. Madrid: Gedisa.

Barthes, R. (2004). Fotogenia electoral. En *Mitologías*. Buenos Aires: Siglo XXI.

Jenkins, H. (2008). Photoshop para la democracia. En *Convergence Culture. La cultura de la convergencia de los medios de comunicación*. Buenos Aires: Paidós.

Murolo, L. (2020). La sociedad del meme. *Revista Ardea*. Universidad Nacional de Villa María. Recuperado de https://ardea.unvm.edu.ar/ensayos/meme/

Murolo, L. (2020) (12 de septiembre de 2020). ¿Cómo funciona el mundo de los stickers políticos?. *Página 12* / recuperado de https://www.pagina12.com.ar/291625-como-funciona-el-mundo-de-los-stickers-politicos

Reguillo, R. (2017). *Paisajes insurrectos. Jóvenes, redes y revueltas en el otoño civilizatorio*. Barcelona: NED Ediciones - Guadalajara, Iteso.

Sartori, G. (1998). *Homo videns. La sociedad teledirigida*. México: Taurus.

La cartografía digital del gol: del *rating* y el *telebeam* a los *E-sports* y el VAR

Por Ignacio Del Pizzo

"Hoy por hoy, el estadio es un gigantesco estudio de televisión"

Eduardo Galeano

El partido de nuestras vidas y de sus negocios

El 9 de diciembre de 2018 tuvo lugar uno de los partidos de fútbol más importantes de la historia y, al mismo tiempo, uno de los actos de imperialismo cultural más evidentes de la época moderna: el encuentro decisivo de la Copa Libertadores de América se jugó en el Estadio "Santiago Bernabéu" del Real Madrid. Es decir, el juego más relevante del torneo que homenajea a los héroes de la independencia latinoamericana se dirimió en las instalaciones del club más vinculado con la realeza española, monarquía que sigue existiendo en pleno siglo XXI debido a la vigencia de una ley sancionada durante la abominable dictadura franquista.

Como si esto fuera poco, la cita se desarrolló un sábado a la noche a partir del modelo de la Champions League europea, por lo que los hinchas sudamericanos tuvieron que contentarse con ver el partido por televisión durante la tarde. Así, se rompió la tradición de la Copa Libertadores de América en particular y los torneos internacionales sudamericanos en general (Copa Sudamericana y Recopa Sudamericana), cuyos partidos se jugaban durante días laborables por la noche.

No es ninguna novedad que los partidos de fútbol que tienen el potencial de suscitar un interés generalizado en todo el mundo sean ubicados en la agenda global de la forma más cómoda para las audiencias europeas. Ya en el mundial de México 86 el capitán de la Selección Argentina, Diego Armando Maradona, denunció que el mercado televisivo ejercía un *lobby* sobre la Federación Internacional de Fútbol Asociado (FIFA) para que los partidos se dirimieran al mediodía, lo que ponía en riesgo la integridad física de los deportistas. Con el paso de los años, las corporaciones del fútbol y de los medios de comunicación hegemónicos adquirieron cada vez más poder y castigaron a muchos de los futbolistas que osaron enfrentarlos (la carrera del propio Maradona, quien, a pesar de todo, terminó levantando la copa en ese mundial, es un cabal ejemplo de ello). Sin embargo, es difícil encontrar algún antecedente tan vulgar como los sucesos acaecidos el 9 de diciembre de 2018.

River Plate y Boca Juniors accedieron a la final de la Copa Libertadores de América luego de vencer en la instancia semifinal a dos equipos brasileños. River-Boca es el clásico de clubes más importante de Argentina, y Argentina-Brasil, el más relevante de selecciones de Sudamérica. La final de dicha edición sería la última con el formato ida y vuelta, ya que se había anunciado que a partir de 2019 el modelo sería –cuándo no– al estilo europeo: partido único en sede neutral durante una tarde de sábado. Para colmo, River y Boca llegaron juntos a la instancia decisiva por primera vez en la historia para conformar, así, lo que sería, según muchos analistas, uno de los partidos de fútbol entre clubes más importante del que se tuviera memoria a escala internacional.

El encuentro de ida se pospuso por lluvia: hasta la naturaleza imponía sus condiciones. El encuentro se disputó en el Estadio "Alberto J. Armando" de Boca y el resultado fue un empate en dos goles luego de noventa minutos electrizantes en los que hasta la distribución de los tantos se repartió simétricamente: primero los locales se pusieron en ventaja y luego los visitantes empataron el partido. Al poco tiempo, volvió a suceder exactamente lo mismo, en lo que resultó una contienda verdaderamente inolvidable. Esto profundizó aún más la importancia del último partido del certamen, que se desarrollaría en el Estadio "Antonio Vespucio Liberti" de River, el más grande del país y en donde la Selección Argentina alzó su primera Copa del Mundo: el marco no podía ser más auspicioso para los fanáticos del deporte. Al igual que en la ida, la totalidad de los hinchas serían locales.

A pocas horas del comienzo del partido tan esperado se produjeron disturbios en la vía pública en el trayecto del micro que trasladaba al plantel visitante a la cancha y el vehículo fue agredido: ante esto Boca se negó a jugar y el plantel de River acompañó dicha decisión. Del mismo modo que había sucedido con el primer encuentro, la cita se reprogramó para el día siguiente, pero la Confederación Sudamericana de Fútbol (Conmebol) volvió a suspender el juego: ni la presencia del presidente de la FIFA en el país ni el hecho de que las tribunas se estaban colmando nuevamente de simpatizantes lograron modificar esa medida. Luego de unos días, el ente realizó uno de los anuncios más escandalosos de los que se tuviera memoria en el deporte: el partido más importante de la historia de la Copa Libertadores de América se jugaría en la sede que más representa a los conquistadores de América. Y, por supuesto, sería un récord de audiencia.

Hincha / fan vs. simpatizante / espectador

Consideramos a la dimensión del fanatismo como una de las más interesantes de la cultura pop. Lectores, oyentes y espectadores pueden, respectivamente, convertirse en expertos de géneros literarios, desarrollar un oído conspicuo o disfrutar de una cinefilia avezada, pero no necesariamente pertenecer al *fandom* de algún producto de la industria cultural o, al menos, reconocerse como integrantes del mismo. El fanático se identifica de esa manera y en la mayoría de los casos dicha elección identitaria le representa un motivo para sentirse orgulloso.

En el ambiente del fútbol, uno puede simpatizar por algún equipo, tener cariño por un momento particular de la historia de cierto club y hasta ocasionalmente mirar algún encuentro por TV o escucharlo distraídamente por la radio mientras hace otra cosa. Los fans de equipos deportivos en general (clubes, franquicias o la definición legal que les corresponda), y de fútbol en particular, cuentan con nomenclatura propia: son hinchas. En esa identificación tienen tanto que ver con los fanáticos de ciertas producciones de la industria cultural como con militantes de partidos políticos, afiliados de sindicatos o fieles de algún credo. Esa posibilidad de diálogo entre los consumos considerados como banales y las prácticas reconocidas por el discurso hegemónico como constitutivas del orden social, hacen a los hinchas sujetos complejos y con numerosas posibilidades de abordaje.

En comparación con fans de fenómenos de la industria cultural los hinchas comparten el conocimiento profundo de información vinculada con las instituciones por las que alientan, adquieren *merchandising* y consumen libros sobre sus clubes, escuchan transmisiones partidarias en la radio, miran programas de TV en los que se debate la actualidad del club y participan de las interacciones propuestas por los perfiles oficiales en redes sociales.

En lo que podríamos llamar su "dimensión política", generalmente el hincha nace, vive y muere siendo de un único club, proceso comparable con la lealtad a algún partido, además de declararse fieles a ciertos colores. En términos de "afiliación sindical", los hinchas se asocian a sus clubes y destinan parte de sus ingresos al pago de una cuota social, lo que les permite acceder a beneficios y al mismo tiempo tener obligaciones, tales como participar de las elecciones y así motivar la estructura institucional para que el club cumpla –o no– determinado rol social. La esfera de "lo religioso" es la más evidente:

los hinchas asisten de manera regular a una celebración, generalmente los domingos, en la cual se abrazan con desconocidos, entonan canciones, se persignan y hasta agradecen a Dios que la pelota pegue en el travesaño. Y, digamos todo, abundan ejemplos de hinchadas que figurativamente han crucificado a algún delantero por errar un penal. No será este el espacio para hablar de ese diablo que encarna todo mal, que en lugar de vestir de rojo lo hace de negro –aunque hasta ese luto haya cambiado– y, en vez de portar un tridente, castiga mediante tarjetas que representan una amarillenta amenaza latente o, en el peor de los casos, un rojizo destierro.

El deporte dejó de ser una práctica eminentemente participativa para convertirse en una principalmente espectatorial a fines del siglo XIX y la prensa de la época no tardó en circunscribir un estereotipo de fanático: tal como adelantamos en capítulos anteriores, mientras que los hombres eran –o, mejor dicho, debían ser– fans de alguna institución deportiva, las mujeres fanáticas lo eran de producciones del espectáculo. A partir de esa dualidad, el discurso mediático hegemónico arrogaba la pasión masculina como seguidora de clubes más allá de los deportistas que ocasionalmente los conformaban, frente a las fanáticas mujeres que adoraban a figuras puntuales del espectáculo, independientemente de sus cualidades artísticas. El estereotipo de *groupie* no tardó en instalarse, figura según la cual las mujeres fans estaban al servicio de los deseos sexuales de sus ídolos masculinos, que tenían la potestad de ser artistas reconocidos.

Ahora bien, y al estar cada vez más impactados por la aplicación de desarrollos técnicos en distintos niveles de su producción, ¿qué particularidades comienzan a tener el espectáculo futbolístico y sus hinchas-fans en los albores de la tercera década del tercer milenio?

Píxeles que alientan

Cuando la Organización Mundial de la Salud (OMS) declaró la pandemia mundial a causa del COVID-19, los gobiernos de casi todos los países suspendieron la mayor parte de las actividades públicas. El deporte no fue la excepción y hasta se postergaron los Juegos Olímpicos, agendados originalmente para julio y agosto de 2020 en Tokio. El fútbol se paralizó en casi todo el globo con las únicas excepciones de las ligas de Bahréin, Bielorrusia, Nicaragua, Taiwán y Tayikistán. Con el advenimiento de los días cálidos y ciertos resultados positivos de las cuarentenas varios países volvieron, progresivamente, a cumplir con los partidos que tenían agendados antes al estallido de la pandemia, pero con una diferencia trascendental: sin público (o con aforos reducidos, cuyas primeras pruebas fueron realizadas durante las finales ganadas por el Paris Saint-Germain de la Copa de Francia y de la Copa de la Liga de ese país a las que pudieron acceder cinco mil espectadores en cada una).

El primer encuentro definitorio en este nuevo contexto fue la final de la Copa Italia, que el Napoli ganó por penales frente a la Juventus luego de empatar sin goles y que rememoraba las épocas doradas del club del sur italiano en las cuales el único futbolista que hemos nombrado hasta ahora lo llevó a ser una referencia ineludible de los humildes que batallan –y triunfan– sobre los poderosos. Más allá del resultado, la novedad se dio en las tribunas vacías o, mejor dicho, en lo que transmitió la televisión sobre las gradas sin gente: el estreno de una tribuna virtual en la que los colores característicos de ambas escuadras se proyectaban en las cabeceras del estadio y, en uno de los laterales, una bandera de colores pretendidamente imparciales con el enorme logotipo de Coca-Cola, la marca auspiciante del torneo. Así, la emisión de la tradicional Radiotelevisión Italiana (RAI) marcó un precedente en el uso de herramientas técnicas para dotar de sentido a un partido de fútbol, que quedará en la historia como el primero en que una bandera digital de una gaseosa suplantó el fervor de miles de espectadores.

Esta experiencia visual se sumó a otras vinculadas con el sonido que ya se venían implementando en los días previos en partidos de distintas ligas –como la Premier League inglesa– en los que se podía escuchar un sonido ambiente artificial generado por dispositivos técnicos en encuentros que se jugaban con las gradas desiertas. Al poco tiempo, también se empezaron a desarrollar propuestas en otras ligas –como la Major League Soccer estadounidense y canadiense– que dispusieron la instalación de pantallas gigantes en la tribuna que transmitían lo registrado por cámaras web de los fanáticos: es decir, las transmisiones de TV mostraron en las pantallas partidos de fútbol que se jugaron rodeados de pantallas que a su vez proyectaban lo registrado en cámaras hogareñas de fanáticos que seguían el encuentro... a través de pantallas.

Mientras estos fenómenos tenían lugar, el periodismo generalista los caratulaba como grandes innovaciones o como una afrenta a las tradiciones folclóricas populares, sin términos medios, como si fuera interesante circunscribir estas novedades dentro de esferas que podríamos simplificar como "lo positivo" y "lo negativo". Para nosotros lo pertinente es destacar la necesidad que sintió la industria de la mediatización del fútbol de implementar desarrollos técnicos para suplantar a las hinchadas.

Resulta valioso retomar en este punto ciertos aspectos de la teoría benjaminiana en relación a la pérdida aurática a la que son sometidas las obras de arte en la época de su reproductibilidad técnica y, también, debates más actuales en torno al uso de, por ejemplo, hologramas en espectáculos culturales. En esa línea, podemos ahondar en ejemplos de artistas gestados en este formato (Miku Hatsune), grupos que experimentan con la virtualidad (Gorillaz) e intentos por reemplazar a figuras fallecidas (Michael Jackson) o contemporáneas (Carlos "Indio" Solari). En esos casos, la sustitución es de la figura del show, no de sus asistentes. Que el artificio digital esté en lo que rodea al espectáculo y no en el espectáculo en sí mismo representa una subversión de sentido y sienta un precedente en torno a la consideración de lo realmente importante en este tipo de eventos deportivos: jugar sin espectadores, ¿es jugar? Que las medidas de prevención frente a la pandemia hayan coincidido temporalmente con el auge del *streaming* vinculado al *gaming*, ¿guarda algún tipo de relación con este fenómeno?

Ver jugar frente a… ver jugar: la disputa de los espacios físicos y virtuales

Podríamos dedicar el libro exclusivamente a intentar profundizar el complejísimo entramado cultural producido en torno a la ocupación de espacios en el amplio escenario de los espectáculos deportivos en general y en las tribunas de fútbol en particular. Estas dinámicas adquieren una dimensión aún mayor en aquellas comunidades en las que la práctica de asistencia a un estadio está vinculada con hechos de violencia. El campo simbólico entra en juego con la ocupación de espacios como demostración de sentido de pertenencia en algunos casos, y de poder en otros; pero también se construye sentido a partir de la ausencia. En este punto, la enunciación puede ser desde un mensaje mafioso de una facción de alguna barra brava que no permite que ningún otro hincha ocupe un claro en la tribuna que luego es transmitido en la imagen televisiva, hasta una valiente demostración a favor de la construcción colectiva de la Memoria frente a un discurso negacionista, como la histórica tribuna vacía en el Estadio Nacional "Julio Martínez Prádanos" de Santiago de Chile, que homenajea a las víctimas del terrorismo de Estado perpetrado por la criminal dictadura pinochetista.

Los clubes más populares de fútbol se constituyeron como tales al ser los más convocantes en sus estadios; esto se reconfiguró con la escucha radial y con el posterior visionado televisivo. Cuando la TV por cable y satelital se masificó en distintos puntos del globo, la internacionalización de las hinchadas fue una consecuencia directa. Finalmente, con el aumento de la provisión de internet, el corte de *tickets* de entradas y las mediciones de audiencias radiales y televisivas se vieron acompañadas por un sentido de audiencias aún más amplio que incluye a las digitales. Entre estas dinámicas, podemos mencionar el uso de *hashtags* promovidos por los perfiles institucionales de los clubes en sus perfiles de redes sociales, el visionado de contenido exclusivo en plataformas de video y la compra de *merchandising* oficial en páginas de comercio electrónico, entre tantas otras. Sin embargo, lo que creció con la digitalización no fue solo la circulación de contenidos y el nivel de interacción con las viejas y nuevas audiencias, sino también la posibilidad de resignificar el término clave del fútbol, a su actor principal: nos referimos a la definición de "jugador".

Los clubes son, entre muchas otras definiciones posibles, narrativas transmedia que se cuentan en espectáculos en vivo, transmisiones en radio y TV, relatos orales, libros, revistas, pósters, documentales, canciones, banderas, tatuajes, vestimenta, murales en el espacio público, *hashtags*, memes y muchos otros elementos comunicacionales que aportan información a esos universos de los cuales desconocemos los límites, pero sabemos que están en constante movimiento –generalmente en expansión–. En este contexto, que incluye a la pujante industria del videojuego que nunca dejó de crecer desde el mismo momento en que estableció sus bases fundacionales, los clubes abrazaron a los *E-sports* como pocas veces antes habían hecho con otro tipo de fenómenos vinculados con la tecnología. Se trata de escenarios en los cuales los integrantes de dichos universos transmedia no solo se relacionan con los clubes de los que son hinchas al aportar una cuota social, cantar en las tribunas, usar la camiseta oficial o cargar a los rivales, sino también al ser jugadores.

Es un espacio ganado, en comparación al espacio perdido en las tribunas. En capítulos anteriores hemos trabajado acerca de las nociones de lo público, lo privado y lo íntimo: no resulta paradójico que se pierdan espacios en la esfera pública en pos de sumar prácticas individuales que se desarrollan en la intimidad del hogar para, posteriormente, ser mediatizadas y nuevamente volverlas públicas, pero resignificadas.

Justicia digital

Hay pocos deportes gestionados por entidades tan conservadoras como la FIFA, que desde siempre se mostró poco afecta a los cambios, especialmente, frente a aquellos que contribuyan a generar un mayor sentido de justicia deportiva. Mientras que los desarrollos técnicos en relación a la captura de imagen en movimiento se sucedían con el correr del tiempo, muchos otros deportes fueron adoptando herramientas digitales para colaborar con las decisiones de los árbitros de cada una de las disciplinas. El fútbol, mientras pudo, no hizo más que mirarlo por TV que, vaya paradoja, fue adoptando métodos de registro de jugadas cada vez más específicos, como el histórico *replay* y el, a esta altura también *vintage, telebeam*.

Cuando la situación se hizo insostenible y los errores arbitrales empañaban cada vez más el desarrollo de los encuentros, mientras que en otras disciplinas esta situación se había zanjado o al menos mejorado desde hacía varios años, tímidamente, el máximo ente rector del fútbol comenzó a implementar ciertas herramientas digitales en este sentido: el puntapié inicial lo dieron dos sistemas que, uno mediante cámaras y otro al utilizar sensores magnéticos, avisan a los árbitros si la pelota ingresó al arco al enviar una señal a su reloj pulsera. La implementación fue muy satisfactoria y, ante esto, la FIFA ya no pudo seguir resistiendo en su conservadurismo: a los pocos años inauguró el Árbitro Asistente de Video (VAR, por su sigla en inglés).

Luego de pruebas iniciales en partidos amistosos y en encuentros correspondientes a ligas de federaciones puntuales, el VAR se utilizó por primera vez en un torneo internacional durante la Copa de las Confederaciones de 2017 en Rusia. Ante alguna jugada dudosa, el juez principal del partido puede detener el juego y solicitar asistencia del VAR; también, los árbitros que monitorean el partido a través de las pantallas pueden sugerirle que revise alguna jugada en particular. Los únicos casos en los que es posible contar con esta asistencia son en secuencias que deriven en goles, penales, expulsiones o errores en la identidad de jugadores plausibles de ser sancionados.

Aquellos sistemas técnicos televisivos que nombramos más arriba tenían únicamente una finalidad informativa, que actuaba como un apoyo posterior a las decisiones de los referís o, en todo caso, a los hinchas que creen que estos están en contra de los equipos a los que alientan, ya sea desde las tribunas frente al verde césped o desde el sofá frente al brillo del televisor. En cambio, el VAR es una herramienta al servicio de la toma de decisiones: no busca la aprobación de nadie –al menos en principio–, sino que se pretende como un paso más hacia una idea de justicia deportiva.

Aunque parezca contradictorio, en el marco de su dimensión positiva, el VAR también representa una disminución en el rol de las hinchadas: ya no hay certezas en los gritos de goles –que pueden ser anulados a los pocos segundos–, se reducen las situaciones polémicas –que forman parte del folclore de las discusiones posteriores a los encuentros–, la picardía de ciertos jugadores queda automáticamente fuera de toda posibilidad –y, así, su complicidad con sus respectivos seguidores–... Quizá, lo deportivamente justo no sea tan divertido.

¿Cómo rodará la pelota del futuro?

Hemos compartido un breve recorrido sobre ciertas aplicaciones técnicas en la comunicación del fútbol, uno de los fenómenos más trascendentales de la cultura pop global. Además de ser el deporte más popular, se trata de una narrativa que se contó ficcionalmente en novelas, películas y series, entre otras expresiones de la industria cultural. La ciencia ficción como género ha sabido utilizar al fútbol como escenario de infinidad de historias, mientras que los partidos oficiales no daban muestra de estar a la altura de los tiempos y se negaban a adaptar herramientas vinculadas con la tecnología.

Ahora, mientras se inicia la tercera década del tercer milenio, los dispositivos técnicos ya no están vinculados al fútbol únicamente en las transmisiones y en los videojuegos, sino también como herramientas que pueden ser utilizadas como recursos para impartir justicia deportiva de forma casi inmediata. La lectura de las imágenes adquiere nuevas dimensiones; entre ellas, la posibilidad de los hinchas de ver por televisión a un árbitro que ve en otra pantalla lo que ellos acaban de ver por la suya. El juez es el único que todavía no sabe lo que pasó, pero es el único capaz de tener incidencia en el transcurso del juego: los millones de espectadores, por su parte, ya saben absolutamente todo lo que está sorprendiendo al réferi, pero no tienen ningún tipo de influencia.

En épocas en las que el discurso en torno al concepto de *spoiler* amenaza con monopolizar las conversaciones referidas a las producciones audiovisuales, la progresiva apertura del fútbol a la implementación de tecnologías actúa, de forma tangencial, como un manifiesto involuntario que se opone a lo meramente sorpresivo sin sustento y a favor de la tensión dramática bien constituida. El fútbol es la dinámica de lo impensado, pero ahora también tiene el potencial de ser la consecuencia de una concatenación de acciones completamente lógicas. Y todo con la omnipresencia de las pantallas, una de las cuales se dispone al lado de la línea de cal, siempre lista para entrar al partido.

Referencias

Archetti, E. (2007). Estilos de juego y virtudes masculinas en el fútbol argentino. En Melhuus, M. y Stølen, K. A. (comps.), *Machos, putas, santas. El poder del imaginario de género en América Latina*. Buenos Aires: Editorial Antropofagia.

Benjamin, W. (2019). *La obra de arte en la época de su reproductibilidad técnica*. Buenos Aires: Godot.

Borges, J. L. y Bioy Casares, A. (2013). Esse est percipi. *Un Caño*. Buenos Aires, EAMP S.A., (56), febrero de 2013.

Del Pizzo, I. (2014). La mano del engaño o la síntesis del fútbol. *Revista Fronteras* Recuperado de https://issuu.com/lic_comunicacion/docs/revista_fronteras_final_baja_170914

Ferrer, J. (2020). *D10S. Miradas sobre el mito Maradona*. Buenos Aires: Octubre.

Fusco, I. y Yañez, F. (2020). Madrid. *Estadio Azteca*, temporada 2, episodio 36. Recuperado de https://congo.fm/estadio-azteca-t02e36-madrid/

Galeano, E. (2010). *El fútbol a sol y sombra*. Buenos Aires: Siglo XXI.

Garriga Zucal, J. y Moreira, M. V. (2006). 'El aguante': hinchadas de fútbol, entre la pasión y la violencia. En Míguez, D. y Semán, P. (edits.), *Entre santos, cumbias y piquetes. Las culturas populares en la Argentina reciente*. Buenos Aires: Biblos.

Jenkins, H. (2010). '¿Es que no tenéis vida propia?' Fans, piratas y nómadas. En *Piratas de textos. Fans, cultura participativa y televisión*. Barcelona: Paidós.

Panzeri, D. (2000). *Fútbol, la dinámica de lo impensado*. Buenos Aires: Ediciones Pasco.

Soriano, M. (2020). ¡Canten, putos! Historia incompleta de los cantitos de cancha. Buenos Aires: Gourmet Musical Ediciones.

Bonus track

Por NachoDP ft. LeoM

Decíamos en el simple de difusión que este libro se organizó en dos lados, tiempo y espacio, porque al igual que lo que sucede con las caras de un vinilo o casete, ambos son fundamentales para la construcción conceptual de la propuesta. Pero también porque vivimos un tiempo y habitamos un espacio que, si bien nos resultan novedosos y –como vimos– no dejan de recordarnos algo ya vivido, tienen características que habrían resultado impensadas pocos años antes.

Decimos que perdemos el tiempo eligiendo qué película o serie ver y, una vez que nos decidimos, corremos maratones sin movernos de nuestros espacios seguros. Suponemos no tener tiempo para escuchar un disco completo sin adelantar frenéticamente las canciones y a la vez despotricamos con que no hay espacio para nuevos artistas –y, cuando emergen, nos quejamos de la calidad de sus repertorios al compararlos con la psicodelia de los sesenta, la progresiva de los setenta, el disco de los ochenta, la alternativa de los noventa y la electrónica de los dos mil–. Creemos que cada vez leemos menos pero no soportamos la ansiedad por leer fotos, memes, comentarios, reacciones y videos en dispositivos que caben en las palmas de nuestras manos. Somos pesimistas en relación al compromiso político de las juventudes, pero en cada joven se libra una batalla identitaria con el cuerpo como escenario.

Tiempo, espacio y sus cruces en la cultura pop: pelo engominado a la entrada de una milonga mientras suena un bandoneón, revoleo de trenzas en una peña como respuesta al golpe del bombo legüero, tachas chirriando en el pogo provocado por la distorsión ensordecedora, *short* descosido por el perreo intenso en una pista con parlantes saturados, maquillaje corrido por la transpiración compartida en una bailanta al ritmo del güiro. Y todo esto hipermediatizado como nunca antes en la historia de la humanidad.

Hemos hablado de lo viejo y de lo nuevo mixturados, procedimientos culturales frecuentes que se podrían pensar en algunas dimensiones desde la idea de hibridación que Néstor García Canclini propuso hace un tiempo. Prácticas y narrativas que en el marco de una industria cultural desarrollada, resignificada y celebrada vuelven difusas –deberíamos decir obsoletas– las categorías de lo culto, lo popular y lo masivo. Así, los medios tradicionales y las redes sociales son escenarios tan virtuales como continuaciones de la presencialidad de fenómenos artísticos, mercantiles e identitarios protagonizados tanto por celebridades como por ignotos.

El pop, que se desarrolló a mediados del siglo pasado en un arte disruptivo, habilitó pensarlo como una celebración o como una crítica a la sociedad del consumo. Desde allí devino en todo tipo de arte y encontró su mayor popularidad en la música. Con la complejidad del universo mediático no solamente los formatos televisivos, radiales y de revistas, las redes, la telefonía y los videojuegos adoptan formas pop, sino también se despliega una política, un deporte, un sistema de estrellas que ostentan el halo pop como identidad.

Por otra parte, las narrativas contadas en lenguajes icónicos como el audiovisual y la fotografía vuelven representable tanto lo excepcional como lo cotidiano, prácticas desarrolladas por las audiencias que demuestran una sólida incorporación de gramáticas mediáticas. La ficción, la nostalgia, la imagen, la música, la intimidad, la política, el territorio y el deporte despliegan formas de contarse que dialogan. Así comienza la tercera década del tercer milenio, un tiempo que transcurre en espacios presenciales y virtuales con fronteras cada vez más difusas. Panorama desafiante para seguir indagando, ¿no?

Ante este estadio de desarrollo ciudadano de las audiencias, el libro pretende elegir algunos ejemplos resonantes que, por supuesto, no se agotan, y ponerlos en discusión con plena conciencia de época. Desde allí, la idea es aportar a la continua reflexión de este alucinante flujo mediático de muchas entradas tan cambiante como reiterativo.

Impreso por TREINTADIEZ S.A. en 2021
Pringles 521 (C1183 AEI)
Ciudad Autónoma de Buenos Aires
Teléfonos: 4864-3297 / 4862-6794
editorial@treintadiez.com